星雲大師一筆字墨寶——度一切苦厄

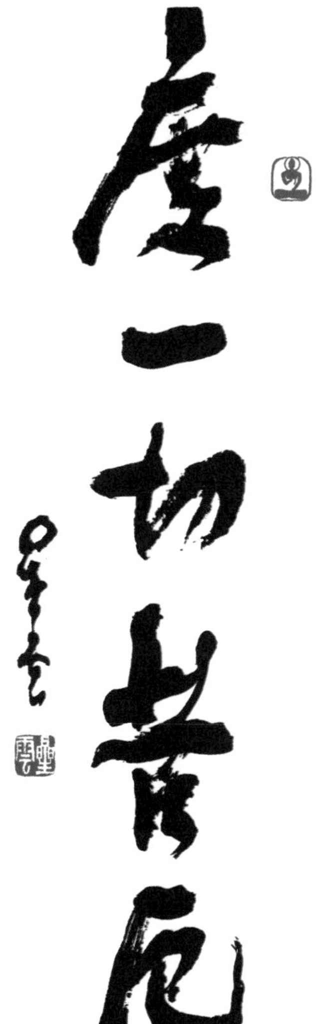
度一切苦厄
星雲

當下淨土 貳

二六時中會瑜伽

要超度先人，先超度自己——焰口施食的啟蒙精神

永富 著

推薦序

心淨土淨，人成佛成

佛光山開山

永富法師是臺灣彰化人，出生於中醫世家，原本要從醫，十七歲皈依佛教後，一九八六年進入佛光山中國佛教研究院就讀。我曾鼓勵他完成家人的心願做一名中醫師，但他表示與我推動的人間佛教很相應，堅持一定要留在山上，不到五個月就發心出家了。

佛學院畢業之後，永富留在叢林學院任教。從糾察到訓導主任，樣樣認真盡責，學院服務十年期間，在教育院院長慈惠法師的指導下，帶領學生承擔常住許多重要的弘法活動，例如：首創的短期出家修道會、梵唄音樂會、興學行腳托缽等。

佛光山一千多名徒眾各有專長，永富除了熟稔寺院行政，發心弘講之外，對於戒會、法會儀軌，像短期出家修道會、五戒菩薩戒會、三壇大戒，甚至水陸法會，都難不倒他，也多次擔任三壇大戒的開堂和尚尼，可以說是佛教界的專家了。

由於永富音聲嘹亮，擅長梵唄唱誦，佛光山成立「佛光山梵唄讚頌團」時，就由他擔任團長一職，落實我倡導的「以音樂弘揚佛法」。數十年來巡迴五大洲，透過音樂，把人間佛教帶到世界各地，也曾到北京、上海、杭州、南京等地演唱，促成兩岸佛教的交流，引起熱烈的回響。

有一次永富來找我，我對他說：「你跟我赴湯蹈火去！」就這麼一句話，他就追隨我到臺北，轉任國際佛光會中華總會秘書長，配合吳伯雄總會長、署理會長慈容法師推動會務，帶領全臺各分會舉辦各種淨化人心活動。

在佛光會任內，我告訴他，要團結佛教、社會各界，爭取佛誕節成為國定節日，這需要一一去拜訪立法委員說明，他二話不說，奔走立法院，獲得二百多位立委及各宗教團體聯署，終於在一九九九年九月，政府公布五月第二個星期日訂為國定佛誕節。

隔年五月，佛光山和佛光會邀請臺灣所有的佛教團體，如慈濟、法鼓、中臺等，共同在臺北中正紀念館舉辦首屆國定佛誕節慶祝大會，同時舉辦大型的佛誕花車遊行和全省各縣市路跑等等，有來自世界各地佛教人士共襄盛舉，讓社會感受到佛教積極入世、服務大眾的活動力。

永富經歷十幾年的學院養成、佛光會的社團歷練，後來也擔任金光明寺與普門寺的住持，現在擔任佛光山港澳總住持，香港佛光道場等，在他的領導之下法務蒸蒸日上。

香港是個國際城市，我期望永富立足香港，放眼世界，把人間佛教的理念廣為弘揚，讓三好、四給、五和成為民眾的生活習慣，成就更多的好人好事，讓東方明珠的香港更具和諧包容。

永富的性格進取上進，工作之餘，先後完成南京大學宗教學研究所、佛光大學藝術研究所學業，取得了碩士學位。今又聞他在度眾忙碌之餘，整理了他近年來的弘講的內容，由香海文化出版發行，並邀我作序；他在學業、道業、弘法事業的勤勉不懈，有此著作出版，我樂見其成，歡喜為之。是為序。

二〇一八年三月於佛光山開山寮

【推薦序】

永富法師——以師志為己志

佛光山開山寮特別助理 慈惠

佛光山的宗風，就是「人間佛教」，佛陀成道後，並不是選擇進入無餘依涅槃，而是走入人間，首先前往摩羯陀國為頻婆娑羅王說法，頻婆娑羅王得到無上的喜悅，遂帶領全國官員，上自首相下至里長皈依佛陀。佛陀從此說法四十九年，一生走在人間。佛陀的法要，是為人而說、為世間而說。因此佛光山開山星雲大師深刻體會，唯有人間佛教才是佛陀本懷。永富法師秉承大師的思想，體悟到淨土法門是非常適合現代人做為生活中的修行功課，而發願以弘揚星雲大師淨土法門做為修持的中心德目。

永富法師好像出生來到這個世間，就是要當一位出家人的。他自小進入佛門讀書，三個月就剃度，雖然十幾歲的年紀，但端莊穩重、持戒嚴謹，對於大師的法教，可以說一心專志，恪守本分，沒有二想。因為與生俱有出家人的性格和心願，所以跟大師很能相應；在弘法度眾上，也學習大師的熱心和積極，三十年來從不疲倦。

由於跟大師非常相應，能知道師父的想法，加上得天獨厚的梵唄天賦，讓他有機會在大師開創佛教歷史上所沒有的梵唄弘法音樂會時，跟幾位師兄弟由大師親自調教，學習、執行相關的弘法工作，不但讓佛教梵唄登上國父紀念館、國家音樂廳、國家劇院，更遍及全球一流的表演殿堂，如：香港紅磡體育館、上海大劇院、北京紫禁城中山堂、東京三得利音樂廳、英國倫敦皇家劇院、美國洛杉磯柯達劇院（奧斯卡頒獎場地）、澳洲雪梨歌劇院、柏林愛樂廳等，都留下梵唄音樂弘法的足跡。及至後來成立了「佛光山梵唄讚頌團」，永富成了不作第二人想的團長。

由於永富從小在佛門中依僧團規矩長大，在大師的帶領下，他學會了全部的唱念，對傳戒等佛門儀軌也非常嫻熟，這是他在佛光山眾法師中很特殊、也很令人欣賞的地方。過去在佛學院，他能攝受學生、如今住持一方領眾熏修，信眾相當讚歎、在佛學課程上不遺餘力帶領信徒深入經教、梵唄及法會行政的嫻熟、將淨土法門做為弘揚人間佛教的利器……可以說，在大師的弟子中，堪稱模範。不久前他告訴我，已經將多年弘法度眾心得，規劃成書，訂為「當下淨土」系列，欣見他進一步用文字，闡釋人間佛教的淨土理念，我樂見其成，並期許此「當下淨土」系列，能帶領更多有緣人，共創人間淨土。

文字弘法如淨土之蓮開敷

國際佛光會世界總會署理會長　慈容

如眾所知，星雲大師創建佛光山的初衷，不是蓋道場，而是實現自年輕以來的信念——佛教必須有正統的佛學院，以落實佛學教育、培養人才。在此信念下，大師期望叢林學院師資能由初期的向外延聘，漸次達到自己培養人才；人才畢業後能任教於學院、推展佛教的行政乃至住持一方。永富法師即依此理念，接受扎實教理、行誼等深入探討，一路出來的優秀僧伽人才。

永富法師最初任職佛學院，在學院十年教學，他的成長有目共睹。

一九九四年，大師有感國際佛光會中華總會需要能運籌帷幄、卻不失佛教正命的秘書長，乃調任永富由南往北，開啟他與我密切配合七年的契機。在中華總會共事期間，我們合力舉辦「回歸佛陀時代三修法會」、「慈悲愛心人」七誡活動、「迎佛牙舍利」等，也一起奔赴「臺灣九二一地震」、「南亞海嘯」、「九一一事件」的災後救濟途中……。忙碌的會務中，永富法師繼我之後接下金光明寺兼任住持，後轉任我住持過的普門寺，想來永富法師跟我法緣不淺。在永富法師擔任住持後，有感信眾需要，我聽聞他矢志以淨土法門接引信徒，十幾年來他的講說扣緊淨土法要。淨土法門被歸為「易行道」，因為過去教育不普及，為讓不識字者生起信心，而提倡持名念佛，只要淨念相繼，就如《佛說阿彌陀經》云：「……執持名號，若一日、若二日、若三日……一心不亂，其人臨命終時，阿彌陀佛，與諸聖眾，現在其前……即得往生阿彌陀佛極樂國土。」淨土的三經一論，加上各祖師講說，都有嚴謹架構。永富法師的當下淨土系列第一本《一念彌陀富三千》，即有系統的敷演淨土之鑰，和持名念佛達到解行並重的修持。

永富法師的卓爾不群也表現在唱誦和法務行政，他是三壇大戒最年輕的開堂和尚尼，水陸法會內外壇的統籌；這幾年，他有計劃的透過法會開示，將瑜伽焰口、梁皇法會、彌陀佛七等重要法會次第，提綱挈領做了整理，這些重要的觀念和流程，將收錄在當下淨土系列第二、三冊。佛光山出家徒眾在星雲大師「以文化弘揚佛法」號召下，個個在藝文方面多少都須涉獵，如能追隨大師腳步著書立說，值得歡喜的，欣見永富法師三十年的努力，即將呈現在師父和大眾面前，我為他感到高興，也希望「若有見聞者，悉發菩提心，盡此一報身，同生極樂國」。是為序。

—推薦序—

會啟瑜伽最勝緣

佛光山 心定

永富法師去年（二〇一八）出版了《一念彌陀富三千——不只是知道，而是要證道》，這是一本涵括淨土信、願、行的好書。不久之後的今年（二〇一九），他的第二本書《二六時中會瑜伽：要超度先人，先超度自己——焰口施食的啟蒙精神》馬上又要出版了，我看了這本書的綱要，並且翻閱了內容，就感覺到他真的很用心，引經據典，老婆心切，不可思議。

「瑜伽焰口法會」在佛教各種法會中，梵唄唱腔是最多種類的，我曾經為了幫助歐洲佛光山道場籌募建寺功德款，在英國倫敦一個基督教堂啟建了一堂焰口法會，有五百人左右參與。圓滿後，有一位非洲裔的年輕人，竟然叫起來，說：「好優美的佛教音樂劇啊！」，確實如此。

我追隨星雲大師學佛五十多年了，主法「瑜伽焰口法會」最少也有五百壇以上，知道這是修持慈悲心，布施飲食給餓鬼道眾生的法會。二十多年來，我為了響應我師父星公上人興辦教育的精神，推出「百萬人興學委員」的活動，就以「瑜伽焰口法會」為號召，凡是各地分院別院道場，只要有四百位加入「百萬人興學委員」，我就去主法一堂焰口法會。

後來大師又創辦《人間福報》，我也響應大師辦報的精神，只要各地分院別院道場，能推廣四百份年訂戶，我也為這些訂戶讀者去主法一堂焰口法會。因為發了這個願，有些別院竟然衝到四千多份訂戶，一千多份訂戶的就更多了，可見「瑜伽焰口法會」真的很有吸引力，很受信眾的喜愛。所以永富法師能專門為「瑜伽焰口法會」寫一本深入淺出的書，可謂契理契機，信徒之福。

我認識永富法師三十多年，他的弘法精神，實在令人敬佩。法師的個性嚴謹，律己慎微，初學佛的人，由他來教導佛門禮儀、學佛行儀、五堂功課，是最適合的一位善知識。他最令人攝受的，就是天賦的唱誦功力，內蘊甚深，聞之油然生起宗教情操；而他也不辜負這與生俱來的資質，幾十年來籌辦各種法會，各種活動，全心投入，全力以赴，在經典講說上也樂說無礙，衝勁十足。他弘法的熱心，好像拚命一樣，可謂不眠不休。

在《二六時中會瑜伽》這本書中，永富法師將「瑜伽焰口法會」的功能、超度的意義、持咒的力量、菩薩慈悲的精神，分類詳細解說，引用經論旁徵博引，我相信有緣讀到此書的人，定能從中獲益匪淺，就如同書名所含涉的精神——會啟瑜伽最勝緣，二六時中恆吉祥。

承蒙永富法師要我為此書寫序，我曾經寫了一些有關設放瑜伽焰口應注意的事項，就將這些意見做為序文吧！

〈**設放焰口　修大福報**〉

◎水陸儀軌奉供上堂中，有云：施諸鬼神，便能具足無量福德，則同供養百千俱胝如來功德等無差別……，如南嶽禪師所謂：「上供十方佛，中奉諸聖賢，下及六道品，等施無差別。」

◎主法者當培養大慈大悲，憐憫餓鬼道眾生，並以虔誠心、恭敬心，一心作法，必令無量鬼道眾生，身心飽滿，心開意解，投生善道，則功德不可思議也。

◎登壇時，虔誠祈禱十方諸佛加持，觀音菩薩曁地藏菩薩降壇加持，必蒙感應！

◎主法者，唱誦作法時，當觀無量六道群靈無量眾生，乃至鬼神環遶四周，合掌聆聽開示妙法，期待妙味飲食，在信眾之前海會唱誦，揮手作印，乃是其次（次要）者也！

◎寶華山祖師云：「然必三業相應，道行高隆，精研熟練，方能自利利他。」勉勵主法者，是故欲登壇主法者，手印熟練之外，對梵文字體之二十個字種，應當熟記於心，因口唱咒語手結印，而心則從梵文字種起觀，觀想愈明，六道群靈受益更多，而主法者自然福增無量，如「次結變空咒印」，初觀欱，次觀嚕嚨，後觀唵，三字由右而左。若「次結奉食印」，則「唵」、「阿引」、「吽」，其排列則由左而右。「次結摧罪印」時，「怛囉」、「吒」字種亦由左至右。

◎至「次結開咽喉印」起，「唵」、「阿引」、「吽」，乃至「次結無量威德自在光明如來印」起「唵」、「阿引」、「哩嚩」、「吽」等，梵文字種皆從左至右。

◎瑜伽焰口施食要集，其實是水陸法會之縮小版。

一、從爐香讚（或戒定真香讚）至千華臺上盧舍那佛，為結界、發符懸旛。

二、從「會啟瑜伽最勝緣……至先結大輪明王印」之前為請上堂、供上堂。

三、從默念大輪明王咒七遍起至以此振鈴伸召請為請下堂。

四、一心召請至「次結開咽喉印」為供下堂。

五、稱讚七佛如來吉祥名號，乃加持前來受妙味甘露法食之六道群靈。

六、從「次與汝等皈依三寶」至「承斯善利」等，即「上圓滿供」、「燒圓滿香」。

◎參與瑜伽焰口施食法會之同參們，當知焰口佛事與水陸法會之緣起，應有相同之處，是故以興建水陸法會之心，來設放瑜伽焰口佛事，則功莫大焉！

謹以此文，祝福讀者大眾，二六時中法喜充滿，吉祥如意！

【自序】

佛法不離世間覺
法會是轉換生命素質的因緣

永富

香港佛光道場啟建孝道月瑜伽焰口法會，二〇一五年增加至連續十場，我在法會中提出的「要超度先人、先超度自己」概念，獲得不少回響；同年十月我們在香港伊利沙伯體育館舉行了一場「利濟救苦焰口法會」。

二〇一六年四月在香港紅磡體育館進行一場「清明孝親報恩焰口法會」，連同之後孝道月十場瑜伽焰口法會，都獲得信眾高度的肯定。

二〇一六年及二〇一七年十場焰口法會，即使在上班，甚至十號颶風信號球高掛的日子，信眾都欣然赴會，足見大家對焰口法會護持有加。

家師星雲大師致力推動人間佛教，宣揚佛法與生活融和不二，重視生活裡道德思想的淨化、精神心靈的昇華，因而人間佛教不停留在研究佛法義理上，而是著重對世間的教化。大師開示：「佛教在人間的功能，不只是超度靈魂、往生善趣，更重要的是和樂社會、清明政治、善治經濟，並且合於禮法的處理人生各種事業，完成有意義、有價值的人生」（註）。秉持大師的教導，我經常向參加各類型活動的大眾強調，佛教是智信而非迷信的宗教，佛教徒要知其所然，提升信仰的層次，自我超越，佛法要在生活中受用。

在每次法會前，我會向大眾說明儀軌和儀文的組織架構、隨文觀想的方法等，務求加深大家了解法會的意義，明白儀文可以延伸在生活當中應用，從心性上做出改變，幫助大家體會每一場法會都是轉換生命的因緣，在法會進行時全情投入，從而獲得最大的法益。

本書應大眾的要求，整理我在瑜伽焰口法會裡的儀軌說明，探討施食法門延伸至日常生活中的實修，也實證佛法不離世間覺。

本書第一章開宗明義，指出法會具備教育啟蒙的功能。
第二章概論瑜伽焰口法會的意涵。
第三章提出我對法會「超度」的闡釋。
第四章分析瑜伽焰口法會涵蓋生命教育。
第五章就瑜伽焰口法會的咒語功能作出說明。
第六章探討善根與參加焰口法會的關係。
第七章強調焰口法會如法如儀的重要性。
第八章解讀焰口施食彰顯的菩薩精神。
第九章重申焰口法會一期一會可貴之處。
第十章總結。

註：出自《佛光菜根譚》。可上佛光山全球資訊網點選「星雲大師」，再點「星雲大師文集」搜尋關鍵字。http://www.masterhsingyun.orgarticle/articlelist.jsp。

目次

第一章

法會的功能

透過法會，把共修的功德轉變成未來生命的因緣，
朝向光明善美的方向進發，
也希望能夠轉變我們所超薦的祖先和過往親人的因緣。

佛教的八萬四千法門，都是為了對治煩惱、開啟智慧，從各方面來探討，都顯示佛教是智信而非迷信的宗教。

法會儀軌即是其中一個重要法門，古代高僧大德擷取大藏經文，制定法會儀軌，其文采斐然，不但讓佛弟子熏修德業，也提升了持誦者的文學素養；而法會、佛事的文字般若，更是透過梵唱震懾心靈，文字般若和音聲法門，相得益彰，達到端正身心、虔誠禮懺、深入法義的身口意清淨，足見法會具備文化教育的功能。以下分幾點略述：

教育啟蒙

只是佛教在中國歷史上的發展，受到政治和社會變遷的影響，法會正面的功能，被鬼神化、迷信化、商業化、形式化的弊端遮蓋，於是在民主化及知識普及的近代，引發正本清源的改革運動，務使人們對佛教法會的錯誤認知，回到原來的功能。這是所謂的「教育啟蒙」。

「瑜伽焰口法會」則是觀念正本清源最佳的實例。對佛教認識不深的人，會以為焰口法會與鬼道眾生有關，其實施食法會能使信眾認識，進而啟動大乘菩薩行，超度六道群靈。

施食儀軌和儀文細密周詳，儀文善巧警誡與會大眾，我人心念的造作，其實與惡道眾生沒有兩樣，同在苦海沉淪，儀文精準的指出，施食佛事「梵音嘹亮驚覺魔怨心」，要破迷啟悟，轉化習氣，必須「發菩提心、永離邪行，歸敬三寶，行大慈悲，利益有情，求無上道」，自覺才能覺他。

方便法門

無論哪種宗教，因為根器的不同，都有從智入門和從信入門的初學者，因此除了研讀經典、開經講座等思辯的訓練之外，佛教為度眾，也施設了各種方便法門，比如法會的安排是度眾方便權巧，讓更多人有因緣接觸佛教。

法會儀式亦是方便法門，透過完整的法會儀式，進入佛陀的教化、法義探究，了解大乘佛教的根本精神、因緣果報的關係和修行菩薩道的方法，獲得真實的法益、真正的法喜。

此外，法會中的供養也是一種方便法門，讓大眾藉著獻供引發對三寶的恭敬心，延續對三寶的恭敬心，內化到觀念裡，而外顯於日常生活中，則對人對事都能謙恭有禮，以給人希望和歡喜為要，不至隨興說出破壞性的語言和騷擾人的行為。

以法相會

為讓整個法會更莊嚴、更能達到熏修的目標，乃至有所體悟，在每次法會前，我會向信眾說明儀軌。當然，每一個人的要求都不一樣，有些人參加法會只是儀式上的參與，不想瞭解太多，亦有些人四處參加法會，對於儀式的安排、儀軌的內涵，以至參加的法會是否清淨如法就不求甚解。我必須強調，佛教是智信的宗教，佛教徒要清楚明白學佛拜佛的真正意義，不應該為參加法會，或跟隨別人參加法會而參加。

法會儀式蘊涵佛教義理，若深入觀想，可提升心靈、道德、文明精神的層次。事實上，法會前對規矩儀文的講解說明，讓大眾明瞭參加法會的禮儀和須注意的細節，掌握重點修持，就是聞思修的過程。聞思修的體會，再加以落實，而不止參加法會才遵守規矩，平日就要自律，佛法才能真正受用。

因此，法會圓滿離開道場後，在日常生活中也要善用佛法，行為要表裡一致，這才是真正的以法相會。

提升信仰的層次

藉著每一場法會的參與，加深對宗教的體驗、對佛法的理解，以及將生活和生命做一善的循環的連結，對個人的修為很重要。一般人在平順安逸的日子對信仰不以為然，直到親人受到病苦，或自己遇上困難、挫折，才會感受到人生是苦。但平常如果沒有信仰上的訓練，苦只是苦，並不能轉化成生命的養分；對修行者而言，病苦、困難和挫折是激發生命潛能的因緣，要做出承擔。面對生命，不心甘情願做出承擔，有可能展現不理智和不負責任的行為。

因此，參加法會不能妄想祈求佛菩薩賜予我們富貴幸福、為我們斷除煩惱，而是透過理解儀軌和儀文的佛法意涵之後，在生活中修正語言、行為、觀念，才有辦法解脫煩惱。

提升信仰的層次是我們參加法會的最大功用，如果大家不想有所進步或提升，必定是敷衍了事，直到遇見關卡，再回頭已百年身。

佛光山2013年萬緣水陸法會

心靈淨化

在很多法會儀軌中，會安排熏壇灑淨一環。一來透過觀世音菩薩大悲咒水的加持，將法會壇場結界為神聖的空間，二來，是透過外在的儀式洗滌我們內在的無明汙染，告訴自己得到觀世音菩薩的大悲水淨化，把內心積聚的悔疚、遺憾、焦慮、沮喪等負面情緒清除，面對生命是一個新的開始。

乃至將壇場的結界延伸至內心的結界，建立內心清淨無染的神聖空間，將善惡念頭的界線規劃清楚，不讓貪瞋癡慢疑、惡見入侵。信仰、修持和生活趨於一致，時時提醒自己待人處事有所為、有所不為，不會被外境的變化、別人的一句說話或一個動作牽動自己的情緒。

悉發菩提心

發菩提心不容易，原因是大部分人所想所做，都是從自己的角度出發，甚少把眾生放在心上。法會儀文的解說，乃期盼與會大眾除了理解法會的內涵之外，還能將此理解內化為資糧，從法會中培養正確的生命態度，降伏內外的障礙；在日常生活裡，感受我與大眾乃生命共同體，時刻提醒自己要擴大心量，不以自我為中心，也不會以利害得失做為行事的準則，從每一個境界中開啟菩提心，從內心深處開展慈悲心、柔軟心，不捨眾生的心，乃至喜捨心，去除貪瞋癡和怨恨。

發菩提心不是口號，而是必須一步步深化，日漸熟練。首先，對一切眾生有慈悲心，是發菩提心的起點，尤其政治和經濟環境處於緊張的狀況之下，個人的心量必須提升，以利他為出發點，減少對立和對抗。有菩提心的力量引導，就會懂得把身口意照顧好，哪怕是一個細微的動作，或一句話，也能妥善周全的表達。

覺照因緣

法會的功能，不只自利自覺，而是要能透過佛力的加持，和大眾共修的力量，給予受苦眾生改變的因緣。

從因緣法的角度分析，即使不好的因，若我們能夠給予好的緣，果報就會不一樣。若法會沒有熏修的功能，無法改變習氣、心念，進而達到自他兩利的話，法會是沒有意義的。至少，我們必須要從參加法會中反思，雖然眼前的生活可能不是最理想，但還有時間、體力參加法會，感恩我們仍然過得不錯，有善因好緣值遇佛法，改變人生。

有一個人很年輕就被閻羅王召見，他心有不甘，問閻羅王：「為什麼沒有事先通知就把我召來了？我一點心理準備也沒有，很多事也都來不及交代。」閻羅王回應：「我預先寄了三封信給你，你沒收到嗎？」年輕人說道：「沒有，我沒收到。」閻羅王就問：「你有沒有常覺得很累想睡覺，精神總是不好的樣子？」年輕人道：「有！」閻羅王再問：「你有沒有常感到肩頸痠痛？」年輕人說：「肩頸痠痛？有啊！」閻羅王最後問：「你有沒有常覺得頭暈頭痛，視力模糊？」年輕人想想幾年來，無論是辦公還是消遣，都因為耗太多時間在電腦桌前，運動的時間也少了，和家人的互動更是乏善可陳，終致鎮日疲累不堪、腰痠背痛，他終於恍然大悟，問閻羅王：「這就是您給我的三封信？」閻羅王點頭：「對，我有預先通知你，只是你自己沒注意。」

近年不斷的災難事件，也是閻羅王向我們發出訊息，無常隨時會降臨。日子過得不錯就要懂得珍惜，透過每次法會清淨身心，告訴自己，「我今天開始，又是面對新的人生，重新調整生命的因緣」。懂得這麼想的話，法會的參與絕對不只是功德而已。

身處競爭劇烈的社會，未必有機會靜下來思考調整生活的方向，面對生活，會因為不清楚、不明白而感到困擾。能夠藉著參加法會調息身心，也是福報。應該抱著一期一會、難能可貴的心態參加法會，就會珍惜把握，心念不空過，如此長期固定的累積，能讓自己生出慚愧感恩的心，幫助我們面對逆境不因苦而產生阻力，而是有心力、有智慧去滅苦。

此外，由於法會中的經文，須用心咀嚼體會，所謂「隨文起觀」，用心持誦，日久會逐漸明白，凡事不能跟隨情緒和妄想起伏，而是要保持覺照心。我們要知道，只要出自口中的話都是一種發願，哪怕是脫口而出的話，都可能影響自己和他人。

民間有一則逸聞，明朝的戚繼光將軍是虔誠的佛教徒，平時以持誦《金剛經》為日課。有一天晚上，戚繼光夢到了一位陣亡的昔日下屬，表示已交代妻子，隔日會到軍營面見將軍，請求將軍為自己持誦《金剛經》做為黃泉路上投生善處的資糧。果然第二天一位婦人來到軍營求見戚繼光，說出跟昨夜夢中陣亡屬下相同的話，戚繼光當下應允為該士兵讀誦《金剛經》。這天晚上，士兵又來托夢，致謝道：「承蒙將軍慈悲為卑職誦《金剛經》，雖然只獲得半卷經文的功德，但憑經典威德及將軍的慈悲，卑職已經非常受用，感謝將軍大恩大德。」

戚繼光夢醒之後覺得很納悶：分明昨天誦了整整一部的《金剛經》，怎麼會只有半部的功德？他思前想後，終於想起來，大概是因為他誦經時，正好夫人送來茶點，他分心跟夫人揮手說「不用！」因此功德不圓滿。於是立即閉門專心重誦一遍《金剛經》，當天晚上士兵再次前來謝恩，表示戚大人誦完整部《金剛經》後，已獲得超度。

可見如是因如是果，我們的動心起念，可以不謹慎嗎？明白此中之意，就能感受星雲大師教導我們「說好話」的用意。學佛要相信因果，大家透過每一場法會審思，調整生活的習慣和態度，讓自己的生活過得愈來愈好。這就是法會能夠利益幽冥眾生，也能利益我們眼前所有人的原因。

明悟自心

法會儀式訓練專注心。讓心不動就是心保持清明、不攀緣、清淨、平等、不受意識型態影響。

一般人多多少少都會有許多待解決的問題，法會修持如法，能令與會者專心、精進、尊重包容、加強信心，從而增強解決問題的能力；而不斷憶念佛菩薩的智慧光明，養成念念三寶、不離菩提心的習慣，也培養出人間菩薩的行誼，善發大願，趨向圓滿佛道。

比如皈依三寶，應該是皈依佛法僧，這是一種外在的皈依或依靠、依賴。實際上，皈依三寶的意涵是要皈依自己的本性，回歸到清淨的自性，做自己生命的主人。一般人在皈依之前，沒有事先了解皈依的意義，皈依後就不會太大的改變，那是因為仍一直依賴在的人事物，心情好壞就視乎接觸的環境、遇到的人有沒有問題——環境好、人好就開心；環境不好、人不好就不開心，根本做不了自己生命的主人。但是，這跟一切都要以自己為主全然不同，若誤以為如此一來一切以我為主，這是貢高我慢、自以為是。

清淨的自性是非常純潔、柔軟，但我們如何感知內在的純潔柔軟？我認為禮佛能感受到從身柔軟到心柔軟。因為禮佛的肢體動作必須緩慢，緩慢的彎腰、下跪，握拳、翻掌、起身，在行禮如儀中默念：「能禮所禮性空寂，感應道交難思議，我此道場如帝珠，諸佛如來影現中，我身影現如來前，頭面接足歸命禮。」觀想和諸佛菩薩感應道交，體會對佛菩薩的恭敬，乃至於對生命的尊重、感受眾生的悲苦，心也會變得很輕柔。經典記載，禮佛到一定程度的時候，身體就會像剛出生的嬰兒

般柔軟。如果沒有禮拜到整個身心調柔，不能真正體會禮佛的意義，而只是肢體上的動作，誇張一點的說，只是做運動，維持身體健康而已。雖然健康的身體很重要，但我們也要面對物質、現象一直在改變的事實，身體有崩壞的一天，我們必須從物質、現象的遷流變化中超脫，照顧好自己的念頭，保任外界再怎麼變化，心也不跟著動。

《地藏經》云：「南閻浮眾生，舉心動念，無不是罪，無不是業」意思就是，我們稍一動念，不管有沒有付諸行動，都會形成業力，不過也不要想得太過恐怖，業也善惡，經文只是提醒我們，自我意識不要太強烈。人們往往都是從自己的利益角度思考，為自己算計，隨著自己的心意處事，學佛之後，透過法會修持和佛學進修，學習從「我喜歡這麼做」轉變為「我應該要怎麼做」，那麼生起的念頭都會是好意，說出來的語言也會是好的語言，做出來的行為亦會是善行，心也會變得清明，如此則能一步步趨向明悟自心的境界。

提升正能量

過去的祖師大德制定法會儀軌，不管是瑜伽焰口施食也好、梁皇寶懺也好，動機都是讓弟子修持，也因為修持的功德殊勝，所以傳到後世，除了自己修持，也延續成為為冥亡親眾消災祈福及超薦的用途。

佛光山的四大宗旨之一是「以共修淨化人心」，有人會說，反正我看得懂經典，自己一個人也可以誦，何必去道場參加法會！須知一個人修持，就好像獨力燃亮一盞燈；大眾共同修持，是聚集所有燈於一處，心力可以無限。共修要強調的是，大眾共同修持的力量不可思議，透過這股強大、不可思議的力量，一次又一次的鞏固我們的道心，增強信仰和生命的力量。

藉此也要傳遞一個觀念：無論是學佛、參加法會、參加佛教團體活動，要有成就大眾的心，因緣會隨著成就大眾的心朝向目標圓滿。尤其透過法會，把共修的功德轉變成未來生命的因緣，朝向光明善美的方向進發，也希望能夠轉變我們所超薦的祖先和過往親人的因緣。即使他們已經投胎轉世，在他們另一期生命裡能夠有善因善緣相助，乃至不斷有好的因緣提升他們的生命品質。

第二章

瑜伽焰口法會的意涵

孝道月法會透過大眾共修實踐所產生的力量利益眾生，而產生功德，包括報恩、回向、培福、結緣和懺悔五種功德，不可謂不殊勝。

孝道月佛事

中國民間視農曆七月為鬼月，不吉利的月分，源於道教中元節有所謂開鬼門關，諸事不宜。

但佛教中的農曆七月，是吉祥月，也是孝道月，七月十五日更是「佛歡喜日」。關於「佛歡喜日」，乃佛世時，有鑑於印度雨季連月苦澇，蟲蛇四出，出家沙門托缽時，不但自身危險，四出的蟲蛇也極易不小心被踩踏死傷，因此佛陀制定出家弟子在雨季結夏安居，三個月內專心修持，到了七月十五日結束，把三個月專修的體悟成果向佛陀報告，請示佛陀印可。

佛陀對出家弟子在結夏安居期間精進辦道，在佛法修持上有所成就、有正成長，並提出修行上的疑問，感到非常喜歡，此日因此稱為「佛歡喜日」。

中國人因為傳統民間信仰之故，鬼月的觀念根深柢固，因此也常常疑心生暗鬼，因此同樣是法會，有些信徒喜歡參加梁皇法會，而害怕參加瑜伽焰口法會，因為焰口法會跟鬼道眾生有關。其實我們不要擔心鬼月，要擔心歲月，因為歲月不待人，歲月不但能摧枯拉朽，也會弱化我人的心志，甚至改變命運，因為無常，沒有一個人能留住所有生命中的美好。

我們只要記著，瑜伽焰口法會的主要宗旨，是施食於餓鬼道眾生，幫助他們脫離惡道，真誠希望他們往後的生命趨向光明善美，就沒有什麼可怕。

比鬼更可怕的，是人的心裡有鬼，疑心鬼、憎恨鬼、妒忌鬼、苦惱鬼……令我們生活不得安寧，甚至危害身邊的人和社會，因此一定要把心中的鬼消除，才能行為光明正大，人格高尚，受人尊重。《金剛經》有名言：「云何降伏其心」、「應無所住，而生其心」。要降伏妄想心、分別心、執著心，不讓心中的各種鬼作怪，不成為別人的討厭鬼，透過法會去除魔怨心，以更光明、更柔軟的心面對順逆的境界。

佛光山提倡農曆七月是吉祥月、功德月、報恩月、孝道月、福田月、僧伽月，啟建孝道月報恩法會，讓信眾供僧祭祖，廣植福田，改變中國民間視農曆七月為鬼月的習俗，及諸事不宜的觀念。瑜伽焰口法會大抵在農曆七月，所謂的「孝道月」舉行，藉此超度一切眾生，包括我們的多生父母，可說是一個發心救苦救難、彰顯孝道精神的月分。

孝道月法會透過大眾共修實踐所產生的力量利益眾生，而產生功德，包括報恩、回向、培福、結緣和懺悔五種功德，不可謂不殊勝。

焰口法會進行的時間

如上所述，瑜伽焰口法會乃是針對餓鬼道，乃至三惡道眾生，在持經、施食後，幫助他們脫離惡道的法會，由於餓鬼道、地獄道眾生的屬性、感應時間是在傍晚到晚上，因此傳統焰口法會在傍晚開始，接近子夜時圓滿。

為了方便社會大眾，也有從下午開始法會，進行到施食儀式時正是傍晚，比如佛光山舉行的焰口法會，就是從下午二時開始，約晚上七、八時圓滿，方便參加法會的信眾，避免深夜回家衍生的諸多問題。

會啟瑜伽最勝緣

在焰口法會一開始，上師登座之後，有一段白文曰：「登瑜伽顯密之座，六度齊修；開濟物利生之門，三壇等施」，概約了焰口法會的慈悲精神。此段白文簡單的說，即是在短短幾個小時的誦持、施咒、施食中，上師顯密相應，帶領大眾專心熏修觀想六度，開啟濟物利生的法門，普濟群生。

瑜伽焰口儀軌以密法為主，顯教為從，融滙了華嚴、天臺、淨土、密宗等思想，可以說是小型的水陸法會。正如其中偈言：「上供十方佛，中奉諸聖賢，下及六道品，等施無差別。」意思是法會施食的對象，是普濟無量恆河沙數的六道眾生，令身心飽滿，心開意解，導歸解脫之門。

施食修持法門源於大乘根本思想，仰仗佛力加持，法施、無畏施、平等施，即白文中的「三壇等施」，以拔除眾生的苦難，可謂冥陽兩利。

焰口施食經典

瑜伽焰口儀式和儀軌內容十分豐富，涵蓋佛教的心法教育、大乘菩薩道的修行次第及四聖諦等。科文經不同朝代的演繹增益，版本繁多，文獻編纂歷史非本書探討範圍，只能略述。

據記載，焰口儀軌最早傳入中土的，是唐朝實叉難陀法師所譯的《救面然餓鬼陀羅尼神咒經》，它和後來不空三藏法師所譯的《佛說救拔焰口餓鬼陀羅尼經》，這兩種版本，被認為是施食法門的主要經典依據，一度失傳，元代焰口儀軌復興，明朝的天機大師根據元代復興的版本刪蕪存菁，編成《修習瑜伽集要施食壇儀》（即「天機焰口」），明末的蓮池大師之後又依據「天機焰口」，編撰成《修設瑜伽集要施食壇儀》，又名為《瑜伽集要施食儀軌》，這是現代常用的版本。但是清代寺院常用的施食儀軌，則是「華山焰口」與「天機焰口」。「華山焰口」係寶華山德基法師刪輯了蓮池大師的版本，成為《瑜伽焰口施食要集》，世稱「華山焰口」。

總括來說，瑜伽焰口施食是乃敘述焰口施食法的緣起。「阿難尊者林間習定，夜見鬼王口吐火焰、頂髮煙生，身形醜惡，肢節如破車之聲；饑火交然，咽喉似針鋒之細。見斯怪異，問是何名？答曰：『面然，汝三日之中，當墮我類。』阿難驚怖，歸投大覺慈尊，敘說前因，啟請救苦之法。佛垂方便，利濟洪深，使延年而益筭，誦威德之真詮，令餓鬼以充資，施甘露之法食。加持必專於神咒，嚴衛須假於壇儀。」

簡言之，瑜伽焰口法會緣起於觀世音菩薩悲憫苦難眾生，示現面然鬼王身，向在林中習定的阿難尊者預告，三天內他命終後會墮入餓鬼道。阿難尊者驚恐，向佛陀啟請救度的方法，佛陀教導阿難尊者施食的方法，持誦《無量威德自在光明如來陀羅尼法》七遍，讓一食變成無量甘露美食，充塞法界，眾生與諸仙等眾，皆得飲食飽滿，最終超昇極樂淨土；施者亦可延年益壽。儀文更提示布施不著相，「一切諸功德，猶如幻化，幻化似夢境，三輪體空，體空悉清淨」。

面燃大士與焰口的關係

根據《焰口餓鬼經》的記載，「焰口」是餓鬼道中鬼王的名字，因為其形相枯槁醜陋，咽細如針，中文譯為「焰口」；又因為鬼王臉上冒火，在佛教被稱為面燃（然）大士、焦面王，亦即閩南民俗在七月所奉祭的青面獠牙「普度公」。

焰口法會主要在施食普度，因此開壇開始的灑淨，便是〈楊枝淨水

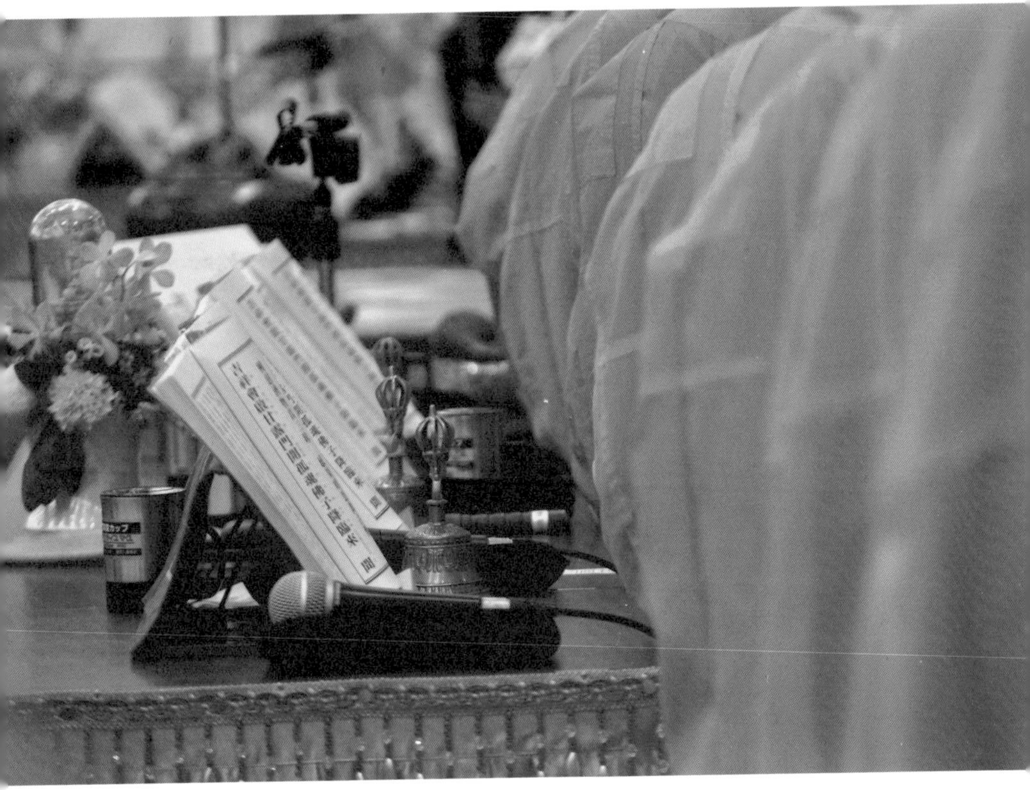

讚〉，讚偈內容主要是祈請觀世音菩薩慈悲，以甘露法水遍灑法會壇場一切有情，其中就提到「餓鬼免針咽」，祈求以甘露法水令餓鬼免除肚大如盆、喉如針細之苦。

「焰口」廣義為餓鬼，落入餓鬼道的眾生，果報來自前生慳貪吝惜，一毛不拔，占人便宜，危害他人，死後投生餓鬼道。因為業報的關係，形貌醜惡，像針一樣細的咽喉，所能入口的食物，根本無法滿足像盆一般大、飢餓不堪的腹肚，更何況即使看到食物，也沒有辦法受食，因為食物將要入口時，即化成臭穢的膿血，口中同時吐出又臭又熱的火，這也就是「焰口」的意思。我們常常暗自得意占了些許便宜，殊不知現在占了便宜，日後不知如何清償？占了便宜且慢高興，業力法則是種瓜得瓜，種豆得豆，須得謹記。

學佛的決定性

我們不要以為面燃大士出現在阿難尊者面前，警示三天後會墮入餓鬼道這種事，離自己很遙遠，阿難尊者有修有為，才能感得觀世音菩薩慈悲，提早示現。因果儼然只是凡夫的我們不自知，不妨試著問自己：「假設今天面燃大士也出現在我面前，重複對阿難尊者說的一番話，三天內會墮入餓鬼道，我會有怎樣的反應？」我們會想把握僅有的三天盡情吃喝玩樂，還是趕快想辦法？

選擇吃喝玩樂？選擇想辦

法？還是持觀望態度？所謂「居安思危」，如果不在危險發生之前，想到危難出現的可能性，真正的危險來臨時，還來得及考慮對策嗎？

我們選擇了學佛，應該清楚明白學佛到底是怎麼一回事。學佛其實是學習一種「決定性」，有決斷力，積極面對生命，我決定了願意去服務奉獻、我決定了願意去學習、我決定了願意積極、我決定了願意光明、我決定了願意歡喜、我決定了願意勇敢面對危難……。阿難尊者擁有這種決定性，他選擇趕快想辦法，立即向佛陀請示，找出對策。

勿動貪念

星雲大師常說，世間很多事情都是一半一半，白天一半黑夜一半、男一半女一半、快樂一半悲傷一半、佛一半魔一半……任何事都是一體兩面。因此我們不要把面燃大士想得太恐怖。《地藏菩薩本願經・閻羅王眾讚歎品第八》提到，諸大鬼王去往忉利天聞佛說法，聽到地藏菩薩的深心悲願大為震撼，紛紛發願護持地藏菩薩，並守護修持地藏法門的善男信女，令他們不會遇到惡事橫事、惡病橫病，其中為首的主命鬼王，佛陀點出，他其實不是鬼，而是願以鬼身護持佛法、度化眾生，將來是會成佛的，佛名「無相如來」。

可見雖現鬼身，實乃慈悲化度。前文也提過，面燃大士是觀世音菩薩化現，亦即《地藏經》中的主食鬼王。《妙法蓮華經・觀世音菩薩普門品》（簡稱《普門品》）提到，觀世音菩薩「應以何身得度者，即現何身而為說法」，因此，我們要明白，觀世音菩薩是為了教化餓鬼道眾生而示現面燃鬼王身，可以說是「應以鬼王身得度者，即現鬼王身而為說法」，同時警惕不要犯貪念。如果一個人常常生起貪念，慳吝、愚癡，專占別人便宜，等於一直生起與餓鬼道相應的心識，未來就容易輪轉到餓鬼道，成為面燃的眷屬。

心靈淨化

瑜伽焰口儀文優美，富有文學的內涵，梵唄唱誦旋律非常動聽。然而，它絕對不只是帶給我們一場愉悅的音樂會，而是殊勝的修持法門。「瑜伽」是梵語，漢語翻譯是「相應」的意思，以持咒、誦經、觀想為主要的修持方法。據清初寶華山德基大師的解釋：「手結密印，口誦真言，意專觀想，身與口協，口與意符，意與身會，三業相應，故曰瑜伽。」意思是在法會儀式中，身與口要能協調，口與意則要能相符合，而意念與身體則要能會合，如此稱為「三業相應」，身口意三合一，當下全神貫注，進入一種安定的狀態，相應者會發現那種感覺非常輕安美好。

焰口法會主要仰仗主法和尚功德力之攝受加持，再加上與會大眾的專注虔誠心念，以主法和尚來說，他更重要的是透過意念禮請諸佛菩薩和先聖先賢法駕壇場，接著召請餓鬼道眾生，進行超度的工作。當然，一場焰口法會不只是主法和尚一心作法，還要與會大眾身口意三業相應，依法修持，利濟救苦的功德才能得以彰顯。因此，與其說瑜伽焰口是一場超度祖先的法會、一場動聽的音樂會，倒不如說它是一次深層的心靈淨化，能令參加法會的大眾擴大心量，進而創造更美好的未來。

第三章

超度的意義

佛事須由集體創造，大家一起成就。
藉由焰口法會練習擴大心量，
提起正念，保持清淨恭敬心，成為生命的習慣。

慎終追遠

提起瑜伽焰口法會，一般人第一個反應是「超度祖先的法會」。嚴格來說，焰口法會以餓鬼道的眾生為主要的超薦對象。除了施食之外，並會為他們說法、皈依、受戒，令他們確立正知正見，不再造罪受苦，早日脫離苦趣，成就菩提。從信眾參加法會的因緣來說，必定是為了孝道月慎終追遠，報答祖先和過往的親人，給予他們有增上的因緣，因此為先人做種種功德。

先超度自己　再超度祖先

超度，只限於祖先跟三惡道眾生嗎？我們可以從另外一個角度思考「超度」這回事。大家是否偶爾感到情緒低落？或者有時甚至工作、事業、家庭諸事不順？又或者一切平順，但還是會感到煩躁？這一切究竟意味著什麼？

在不斷輪迴的生命過程中，多生累劫以來，每個生命體都累積了太多習氣，執著五蘊聚合的身心中有一個真實的我，試想，一直以來我經歷過多少不愉快的遭遇？有多少悲憤、怨悔、憎恨的情緒，不斷在內心積壓？這積壓的習氣，或者說那個被執著的「內在的我」，若思想上沒有被超度，當時空條件具足，負面的情緒就會現前。建議大家「在超薦先人之前，先要思考有沒有超薦自己」，這個超薦或超度可以說是「面對生命」，思考有沒有先把自己調整好？有沒有先調整過去不好的習性、語言、行為？如果有超越的話，修行有成就，那就有能力超度自己的祖先，唯有超度了「內在的我」，轉迷為悟，面對生命才會圓滿。換言之，參加焰口法會超度祖先，要先超度自己，調整根深柢固的習氣，才有力量去超度祖先。否則自己都冥頑不靈，如何有功力勸導祖先超昇極樂國土？

如何才能超度自己？要透過慈悲和智慧。在參加焰口法會修持時，要提醒自己，能有時間和條件參加共修法會，不管坐在哪一個位子都要珍惜和感恩，更要好好調整自己，觀照自己的心念，是不是能夠與觀世音菩薩的悲心弘願相應，慢慢引發慈悲與智慧。這樣，我們參加焰口法會的功德，便能真正利益一切的眾生，包括自己和祖先，因為我們和祖先也是眾生之一。

另外我們也須明白，藉著超度眾生的因緣超度自己，不會一次就完全得到解脫，因為眾生剛強難調，要不斷提示做出改變，首先須不斷自我鼓勵，透過焰口儀文的內容，慢慢把自己的心量擴大，懂得轉念，所有不圓滿的事情都能夠轉為圓滿，這就是超度自己；而透過儀文內容，明白儀式教導亡靈發菩提心的同時，我們自己也要發菩提心，菩提心一發，才有力量幫助他人，達到利益眾生、超度他人的願心。所謂「金剛非堅，願力最堅」，有願就會有力量，要以最強、最堅定的信心及願力參與瑜伽焰口法會修持。

瑜伽焰口法會最主要的法門之一是觀想，手結印時，口必誦咒，意必作觀，三業齊施，共緣一境。觀想對很多人來說不容易，尤其平時小心眼的人，心量擴大不易。要提醒自己參加法會，學習心量擴大，有容人之心，不要計較比較。寶華山祖師云：「然必三業相應，道行高隆，精研熟練，方能自利利他」。學佛之人最好期許自己，要在今世就得到功德法益。很多事情看不開是因為見識不廣，又在意別人的目光。因此，要增廣見聞，好與不好的事情都要接受，最重要是了然於心。看多了之後，自然會發現很多事情都是生命必然的考驗，沒有什麼大不了，事事計算的話，學佛開悟不了。

焰口儀軌內所有偈頌都是針對接下來的程序做準備，第一階段禮敬眾生，包括禮拜迎請佛菩薩、觀世音菩薩化身的焦面大士、金剛上師，以及超薦的亡靈，秉持的態度應「恭敬誠求，必蒙感應」，意思是我們恭敬專心誠意，才能跟佛菩薩感應道交。主法和尚默禱，祈願佛陀慈悲加持，完成利益眾生的佛事，齋主也要默禱懇請佛陀加持自己。

儀軌進行到中後段，來到為諸亡靈、佛子遍灑甘露、施印咒打開咽喉，之後為所有道場大眾、十方眾生，稱讚七如來名號，祈求種下得度因緣，此時應該歡喜稱念七如來的名號，仰仗七如來誓願力，幫助亡靈超脫，永離苦海，得究竟常樂。七如來即寶勝如來、離怖畏如來、廣博身如來、妙色身如來、多寶如來、阿彌陀如來、世間廣大威德自在光明如來。透過持誦每一位如來的名號功德，消除亡靈過去惡行所造成的障礙，讓亡靈永遠離開驚懼恐怖，身心能夠清淨安樂，感受七如來的名號功德，能夠滿足每一個生命體在生命上的需求。

重申：佛事須由集體創造，大家一起成就。藉由焰口法會練習擴大心量，提起正念，保持清淨恭敬心，成為生命的習慣。

很多人參加法會，主要為了超薦祖先，但進入大殿仍散心雜話、積習不除，哪裡有能力超度自己？遑論超度祖先。有人問我，如何知道先人已經得到超度？我的回應是：透過法會功德回向，讓先人有好的因緣，先人和自己的生命都會有所提升。至於做好了一切的安排，先人接受與否，那要由先人決定。大家要釐清信仰，法師不是做通靈的工作。

十方法界一切眾生 蓮位
累劫冤親債主 蓮位
十方法界一切眾生 蓮位

面對親人，不要一直希望他們往生西方淨土，但又一直繫念著他們，彼此都不能放下；應把心思放在努力生活上，讓先人安心，自己也要安心。

做生命的主人

佛教的說法，身體是由地、水、火、風這四種元素組合，又稱四大種。種是種子，比喻能生出各種可能；種也是種地，比喻身體如大地，能孕育各種可能，這就是民間老是誤會的「四大和

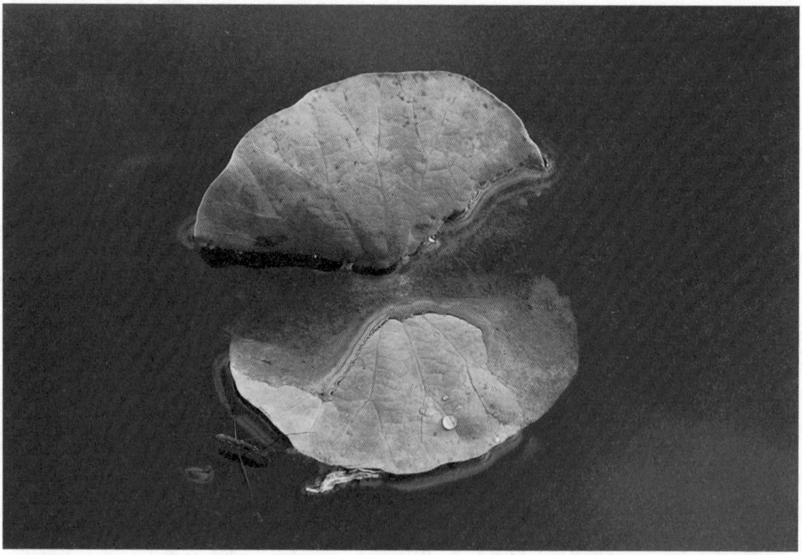

合」、「四大皆空」中的四大，四大組合不是固定的狀態，以火大種為例，火指溫度，我人健康時的體溫和生病的體溫不同，活著的體溫和往生的體溫也不同，這就是隨因緣變化，四大種因為不是常態性，一切無常，無法掌握，所以是空，地、水、火、風四大種都如此，因此叫「四大皆空」。

依輪迴的角度來說，前一世和後一世的生命體，會隨業力而轉化，也許同樣為人，也許轉化為另一生命形態，如雲變為雨水、雨水蒸發變為雲，循環不息，生命不斷延續。在這一世，我們有福值遇佛法，必須好好活在當下，隨順善惡因緣，懂得轉化逆境，有朝一日離去時也知該如何轉化，做自己生命的主人。如親人往生，也不要只是傷心，傷心只會互相牽絆，善和光明的衷心祝福，都有助往生者前往西方淨土或再來人間。

第四章

生命教育

面對這一期生命，我們絕對不只是要自己好而已，
也希望學習觀世音菩薩的精神，
在同體共生之下，與一切眾生共成佛道。

無常

每一場法會，雖然儀軌沒有改變，但組合的因緣都不會一樣，我們的心念變化很快，不斷的起落，參與的心態也會隨之不同，因此對儀文亦會有不同的體會和感受。如果在念頭起落之中懂得看清楚因緣生滅，會比較不容易受外在人事物變化的影響。

焰口〈召請文〉提及不同階層人士的生命境況，不同類別眾生有不同的感受，

生老病死是一期生命的過程，即使同樣在人道，每個人受到不同的業力牽引，對同一境界的感受也會不同。我們不妨從每場的參與之中，透析生活和生命的意義。

在焰口法會的儀文中敘述的餓鬼道眾生境況，讓我們更清楚業力的可怕，提示我們時時不忘觀照因緣，久久只參加一次法會是不夠的，必須藉著持續不斷的法會修持，往內心深層反省，並在佛前發願，即使遇到不好的緣，或被過去的業力牽引，導致行為有所偏頗，自己仍有力量覺知並加以糾正。

法會壇場是水月道場，在短短幾個小時內，諸佛菩薩、善男信女，乃至法器桌椅，齊聚又散去，如水流過、如月起落，我們能從中看出因緣聚散的無常性；有情眾生的生老病死，世間的春夏秋冬、日夜交替，都是自然散聚的過程。從法會中也能如是觀察到，因緣生、因緣滅是生命的實相，不只餓鬼道眾生受極大的痛苦，每個人在人道，也有不同的福報因緣，出現不同的生命際遇，當不如意時，人道的痛苦來得比餓鬼道複雜。然而，發願承擔，堅持利益眾生，只要心跟佛菩薩的心同一陣線，觀世音菩薩一定會加持大家，則失意痛苦會減少，甚至有朝一日能心無罣礙，遠離顛倒夢想。

從歷年來整個七月連續的焰口法會中信眾的情況來看，參加法會跟面對生命的道理一樣，所謂「萬事起頭難」。尤其焰口法會時間長，又消耗體力，要全勤投入很不容易。但我們總是要想到生命無常，今天有體力有時間有助緣卻不參加，寧願去遊山玩水、吃喝玩樂，明天因緣如何？神仙也難預測。面對生命，我們要清楚明白自己的目標，外在的變化隨時會發生，沒有辦法掌控，我們只能夠掌控自己的心，因此讓自己的心懂得變通，能適時調整處理，比什麼都重要。無常以不同形式向人們預報，生離死別隨時降臨在每一個人的身上，但大多數人總是要等到身邊人往生，才深感自己的生命亦會隨時走至盡頭。無常隱身在覺知之後，我們常無法察覺，不過只要牢記和奉行星雲大師的〈佛光四句偈〉：「慈悲喜捨遍法界，惜福結緣利人天，禪淨戒行平等忍，慚愧感恩大願心」，生活會過得很踏實。

平等

在法會中，為表達我們對三寶的恭敬心和信心，除了明白信仰佛教絕對不是一種依賴，皈依三寶的意義在於光明、善美的生命目標，時時自我提升，累積正能量，也希望透過物質表達我們對三寶至高的敬意，這就是佛前常有供花供果供菜等供品，它們不是擺飾，而是一種心意的呈現。

早年大師時常到海內外各道場巡視，關心弟子們的道業和弘法情形，每到一處，弟子們無不熱心備辦各種美食供養，有一個剛出家不久的弟子，因為師父要來在大寮煮菜，忙碌非常之餘自言自語：「師父都說出家人要安貧樂道，為什麼要吃得這麼好？」這話讓一旁的住持聽見了，就跟他說：「不是師父要吃這麼好，師父對自己所食用的從來不多

供菜譜

要求，是我們做弟子的，開心師父要來，對師父的一份心意。」我們在法會上的供品也是一樣，是信眾對佛菩薩的心意，了解供品的意涵，大家參與法會更加有力量。

焰口法會第二階段請聖，主法和尚登壇，轉換為金剛上師的身分，與大眾恭請東、西、南、北、中五方佛降臨壇場。五方佛結界的儀式後段是以花、香、燈、塗、果、樂供養五方佛。

佛事進行到這個環節，與會者要觀想各種供養的意涵：

花供養，花象徵心要柔軟，散發道德香氣令人喜愛。

香供養，代表我們對佛菩薩、對信仰和對生命的堅定信心，隨著裊裊香煙往上傳達，肯定生命的意義。

燈供養，代表光明驅走無明煩惱的黑暗。

塗供養，是指供養塗在身上的香料；在現代，大抵以沐浴乳、香皂，象徵洗滌心垢後的清淨心。

果供養，意味「種如是因，得如是果」，大家在因地要努力修行，未來成就佛果。

樂供養，是音樂的供養，主法和尚的桌上以螺殼代表樂供養，樂以美語音聲讚佛。延伸在生活中，就是要使用好的語言與人溝通，恆順眾生即恆順如來。

供養的意義要在日常生活中實踐，才是真正的供養。

佛之所以成佛，是因為有絕對的平等心，佛不會因為你的供養好一點，就會對你放光多一些，你沒有供養就不給你光明。瑜伽焰口法會能夠訓練我們長養慈悲心、喜捨心。

供品或施食有一個環節是持誦〈大悲咒〉，主法和尚以大悲甘露法水加持，在這裡我們要明白，觀世音菩薩利益眾生的心，是平等的。如果有眾生障礙干擾你，不能以瞋恚驅趕的心態念誦〈大悲咒〉，而要以同體大悲的心念誦，希望幫助障礙你的眾生，能受甘露加持免除煩惱痛苦。

有個道場的住持夢見一群人皮開肉綻向他哭訴，男女老少都有，住持問他們：「是誰這麼狠心？」帶頭的人控訴：「是您的徒弟用滾燙的水將我們燙傷的，請住持為我們作主啊！」住持醒來後覺得納悶，他們口中的徒弟，是個善良慈悲的修行人，怎麼會做出那種事？於是把徒弟叫來，問他昨日做了什麼特別的事？徒弟想了半天，昨日除了日常五堂功課，並沒有什麼特別的事，倒是早課時，感覺周遭似有無形干擾，於是多誦了二十一遍的大悲咒，以大悲咒水灑淨趕走邪祟而已。

住持心想對了，應該就是這事，於是告訴徒弟：「早課時，十方法界眾生都很歡喜，看你持念〈大悲咒〉，都想得到甘露加持，沒想到你是以驅趕邪祟的心，使得大悲水變成滾燙水，把這些眾生燙得皮開肉綻。」

徒弟大驚：「師父如何知道的？」

住持才告訴弟子，昨夜夢中的事，徒弟聽完馬上到佛前懺悔，並重新持誦大悲咒水，祈求佛菩薩加持，讓昨天被他無意中燙傷的眾生，能獲得清涼法喜。

可見如果我們不以平等的心參加法會，提起慈悲心對待法界眾生，即便是好意，也會傷害生靈。

在法會中還有重要的一環，就是宣讀文疏，作用是把整個法會功德向諸佛菩薩表白，接下來透過「同誦三十五佛」，恭請諸佛加持，然後默念《心經》一遍。誦念《心經》的作用是讓每一個人和超度對象的身心跟宇宙整合、統一為一體。所謂統一就是融合、沒有對立；沒有分我是人道、你是鬼道，完全平等。星雲大師常常開示「生命共同體」、「同體共生」，就是希望大家真的能感受到身心跟宇宙共融的話，那麼在生活中不管遇到什麼情境，都不會容易出現有所謂的對立、分別煩惱，因為已經體會到「心包太虛、量周沙界」，感受到平等共融的話，就不會有煩惱出現。

很多人一聽到分別、對立，就會覺得「沒有呀！我很平等呀！」是不是平等，去到往生壇就很清楚：絕大部分人進入往生壇，都去找自己超薦的牌位，要看清楚登記的牌位名字正確才會安心。其實誠心登記先亡名字時，超薦已經產生作用，對外相沒法釋懷是很難自在的。經典常提到「不可思議」，而我們都是從「可思可議」的角度接受，否則就排斥或拒絕，一再固執己見而不斷產生輪迴的因，大家要學習能創造不可思議的境界。

同理心

瑜伽焰口法會是優質的生命教育課堂，儀文提及的苦難眾生的生命歷程都是非常嚴峻艱苦的。如果我們感同身受的話，就能開啟我們對生命的柔軟心及悲心。如果大家不能感受，表示還沒有真正體會到苦是什麼一回事，就好像沒有接受過開刀手術的人，不會親身體驗到躺在手術檯上像雞鴨般任由宰割，無力抵抗的滋味；又或者局部痲醉，但腦袋很清楚周圍的動靜，聞到自己的肉被止血器燒著的燒烤味道，那一刻才能感受到眾生被宰殺燒炙時的痛苦滋味。假使大家有這種很深刻的體會，就會發自內心拒絕傷害眾生的生命。由此我們更加會體會，戒的精神是在於不侵犯他人，而不是戒律規定不能殺生，殺生又會有後果等等。大家能夠深入體會和感受焰口儀文內容的話，相信參與十場焰口之後，心一定會變得更加柔軟、更加謙卑。

「無緣大慈，同體大悲」，放焰口能令餓鬼得度，也是超薦有緣無緣亡靈的佛事。佛法強調善解心、同理心、慈悲心。透過法會對事理的觀察，增加觀照緣起的能力，從而進一步擴大心量，開發生命的潛能。一年就只有十場瑜伽焰口法會，大家就盡量隨順自己的因緣，安排時間參與，對生命有更深層的體會。

生死眾苦

「佛法大海，唯信能入」，大家如果不相信人生是苦的話，就不會想要脫苦。所謂知苦，並不是要親身受苦，而是見到別人受苦也感受到苦，認同苦的存在，這須有慈悲的精神。

常常有人聽到「人生苦海」，就覺得佛教太消極，其實只要有色、受、想、行、識這五蘊之身，就必有八苦（生苦、老苦、病苦、死苦、愛別離苦、怨憎會苦、求不得苦、五陰熾盛苦）。人不管是富貴貧賤，都會受到八苦的折磨，在苦的大海裡，人就像魚，有些人在淺水、有些人在深水，遭受程度不同的苦。每個人都祈求安樂，有求必苦，求不得更苦，只要來到人間，必經生老病死之苦，總之有五蘊之身，苦是避不了。

窮人固然有求財不得及貧窮的苦；富人也有謀財、守財、失財的苦。權高位重的人，內心有極大的壓力，擔心下臺，擔心被人陷害。小人物雖然沒有大人物的壓力，但要有很強的勞動力維持生計，一旦生病，也沒有充足的醫療安全保障。人生不如意事十之八九，在生活當中會發生很多不如理想的事情，想看的親友見不到，愛的人不能常在身邊，討厭的人則老是一起共事，總之期望的事情常跟實際情況相反……

大家要深刻感受世間的苦，才會生起脫苦的能量。

我們要深刻反省，不要覺得苦跟自己沒有關係。看到或聽到別人的苦況，就知家人、朋友、同事多麼重要。好與不好的因緣都要把握、都要妥善了結。沒有苦受的體會，參加焰口法會就無法感受餓鬼道眾生的極度痛苦，無法感受，超度眾生的心力不會強，只有深切體會到眾生的苦難，才會很珍惜、專心，把握法會中的五個多小時精進修行。

法會來到後半段，由〈召請文〉召請在六道輪轉的亡靈，召請的對象包括帝王將帥、陣亡將士、文武百官、出家和修行人、士農工商、難產、客死異鄉、橫禍、自殺及受刑而亡的人等。

如果能夠深刻感受這些受召請的亡靈，他們曾經的生命狀態，會剎那明白，生前再怎麼高官厚祿、風光無限，再怎麼苦迫煎逼、顛沛流離，最終都一樣塵歸塵土歸土，那麼面對現前的高峰不用得意洋洋；陷入人生的谷底也不必一蹶不振，而是要用更光明、更柔軟的心如實承擔，不好的因給好的緣，果會轉向好的方向。

再者要感謝先人，讓自己有機會來到道場參加孝道月法會，更要珍惜自己有善根福德，願意參加法會，能夠在一期一會中有一點領悟、一點通達、一點歡喜，對未來生命，甚至臨命終時憶念起法會的情形，都會是非常重要的領導力量，因此要善護善念，把發自內心的光明和歡喜力量不斷延續擴大。「金剛非堅，願力最堅」，持續善發大願，大家的心會愈來愈柔軟、愈來愈慈悲。

要特別交待的是，大家對儀軌不是專業，尤其是〈召請文〉，沒有經過前面的儀式，不能隨便亂唱，不要私下錄音。事實上，法會嚴禁拍照和錄音，大家必須遵守規矩，專心一意修持。

離苦得樂

有五蘊之身就有苦，痛苦來自我們內心的貪愛欲望，透過欲望造作惡業，當然就會召感痛苦的果報。很多人不想墮入三惡道，卻又不斷造業，趨向三惡道，因為控制不住自己的欲望。例如：明明不想生氣，但是就會生氣；明明知道不能計較，就是忍不住要計較；明明知道不能破壞別人的家庭，就是忍不住貪愛。人性基本上是趨樂避苦，所以常追求一時的歡樂順心，以為避開了苦，其實想要享樂離苦，這凡夫作不了主。學佛的好處就是，能有因緣透過佛法的訓練，調伏欲望，學習做自己的主人。

佛教相信生命有輪迴，在輪迴的業力環下，任何眾生都可能在某一生是自己的父母。父母有可能是一期生命中，最無怨無悔對你付出的人，《父母恩重難報經》說「母年一百歲，常憂八十兒」，子女即使到了一大把年紀，父母還是放心不下，請問有什麼人到你六、七十歲，還叫你得吃飯加衣、小心過馬路？父母恩重山丘，大家參與法會，要祈願往生及多生以來的父母往生善處，離苦得樂；接著試想在地獄受到極度痛苦的眾生，是自己的親人，更會生起強大的悲心，想要盡快幫助他們超生佛國淨土。

如能生起強大的悲心，也須進一步思考到，父母和親人只是無邊的眾生之一，哪怕是小小的昆蟲，都會希望生命得到快樂吉祥，何況還有六道裡廣大的苦難眾生，他們沒有機會修行，如盲人迷失在廣大的沙漠裡，也就會生起悲憫他們的心。

總而言之，焰口法會訓練大家把悲心擴展，先從家人、朋友開始，再延伸至社會、國家、全球，最後三界，才叫真正的菩提心。

前面提到因此稱讚「七如來」，這裡重提，是要強調兩個重點：首先對於受苦的亡靈，我們要清楚明白，他們沒有力量離開痛苦；而我們自己也一樣需要救拔，我人和眾生一樣，都必須依仗佛力加持，原因是我們沒有功德力。

再者，雖然我們沒有功德力，但我們願意親近三寶、親近道場、願意跟善知識學習，並且依仗佛的光明加持離苦得樂。

因此，第一個重點是，我們須仰仗佛力加持脫離苦痛。第二個重點是，一定要堅定，相信三寶的加持力，只要堅信，佛絕對有力量幫助我們。

稱讚七如來名號，就是要仰仗七寶如來的功德力，解除亡靈的惡行罪障，而且不只是亡靈得到功德護持，參加法會的每一個人也能得到稱念如來名號的功德護持。儀文寫得非常清楚，稱念寶勝如來能令塵勞業火悉皆消滅，塵勞業火就是煩惱。

離怖畏如來能夠讓苦難的眾生和我們常得安樂，永離驚怖，清淨快樂。

廣博身如來能夠讓我們的業火停燒，清涼通達，得到甘露美食。

妙色身如來能讓我們的形貌莊嚴，而且還是天上人間最為第一。

多寶如來讓大家具足財寶，受用無盡，當然也要大家勤勞奮鬥才會有財寶。

稱念阿彌陀如來的名號，大家都清楚明白能夠到西方極樂淨土修行。為什麼要到西方極樂淨土？因為保證有真正的諸上善人為伴，學習不會退轉，修學圓滿後，還要再回到娑婆世間利益有情。

接下來要為亡靈皈依三寶，讓他們整個生命可以回歸本來的清淨。儀文讓亡靈知道，要發心回歸生命本來的清淨，世間一切與宇宙萬物都是同一體，因此教導亡靈要發菩提心，自己成就之外，也要幫助宇宙一切的生命體也要有成就。

我一直強調，我們要超度先人，要先超度自己，意思是透過焰口儀文的內容，慢慢把我們的心量擴大。儀文雖然是超度亡靈，實際上我們透過文字也會明白，自己也應該要發菩提心，幫助所有的眾生共成佛道。

心淨則國土淨

了解焰口儀文意涵，把法會修持的清淨心延續到生活，如同〈自性偈〉所言「方便自性不壞體，金剛不壞大勇識，最勝無比超出相，今此所作皆成就，勝慧自性甚深性，演說最上法輪音，以無生現方便身，令此所作願得成」，以及〈淨地偈〉描述「一切方隅所有地，瓦礫砂磧等皆無，琉璃寶地平如掌，柔軟微妙願安住，猶如極樂國莊嚴，妙寶為地眾花敷，園林池沼無缺少，以大法音願具足，從出世間無能現，種種七寶之所成，無量光明遍照處，諸佛菩薩願安住」。

這裡強調的是「心淨則國土淨」，反之心不淨則無法安住，國土怎麼能淨呢？娑婆世界土地不平，雜草叢生，我們不是也會忿忿不平嗎？能夠清楚明白儀文的意涵和隨文作觀，從而生起堅定信念，心要坦然、平等、柔軟，處於圓滿具足的狀態，即使在苦火逼惱的環境中，都有觀世音菩薩的大悲力加持。

若能斷除習氣及迷思，當下即得清涼寂靜；並要肯定本有的佛性，生命不生不滅，只因執著，以及多生以來累積習氣，還有自我主觀意識強烈，因而未能達到常樂我淨。清淨圓滿要在生活中實踐，當遇到順境時自我提升，逆境現前不要氣餒，就視為逆增上緣，是進步的墊腳石。

唯識所現

瑜伽焰口施食儀軌非常嚴謹，次第也相當仔細，整個儀式透過心識的運作顯示「有」——有施食這麼一件事情，也有召喚的六道眾生對象，以法宴滿足召請的亡靈，開示世間一切因緣和合，都是空性，唯有超脫生死輪迴才能到達彼岸。

瑜伽焰口儀式修持的重點在於持咒、誦經和觀想，透過金剛上師的功德力攝受加持，以及與會大眾的專注虔誠心念，以咒語把有限的食物變現成鬼道眾生需要的無數無量飲食，餓鬼道眾生都能廣開咽喉進食。亡靈得到飽滿後，給予說法、皈依、受戒。說法開示的內容也是以心識做為橋梁，清楚提醒六道亡靈，世間一切萬法都依因緣而生，無常無我，唯有超脫六道，才能解脫生死輪迴。讓他們在觀念上做改變，建立正知正見，不再造業，也不再受苦，脫離苦趣，成就菩提。

整個瑜伽焰口佛事透過心識進行，乃至把眼前一切有限的飲食透過大眾心念予以擴大，轉換成利益餓鬼道眾生的普度佛事。儀文中清楚指出，「若人欲了知，三世一切佛；應觀法界性，一切唯心造」，「罪性本空由心造，心若滅時罪亦亡，心亡罪滅兩俱空，此則是名真懺悔」，「百劫集積罪，一念頓蕩除」。焰口法會儀式和儀文內容，讓我們了解整個法界是無窮無盡，一切都是依因緣法生起，世間萬法都是由心識生起，而所有一切有為的現象都是依業召感而來。

施食後，接著為亡靈進行懺罪、除障、皈依三寶、發菩提心、受三昧耶戒。依仗佛力加持，亡靈能夠從凡體轉換為聖胎，如同稱念「七如來」前導文所提到的「能令汝等，永離三塗八難之苦，常為如來，真淨佛子」，當亡靈得到安頓，參加法會的每一個人，也能夠在心靈上感受到寧靜和安穩，乃至世間或出世間的一切都能夠隨願所成，這也就是瑜伽焰口法會能夠冥陽兩利的原因。

透過焰口法會熏修，了解修行能否得到利益，須靠自己反省，有否用佛法來消除內心的雜質，改變生命的習性。修行和面對生命，我們無

須向任何人交代、無須得到別人的讚美或肯定，最重要是要了解能否改變自己不好的習性、能否糾正虛妄的心、能否了脫無明煩惱。如果我們還不能夠提高警覺的話，習性會隨著歲月在我們個性上不斷刻劃痕跡，等到定型之後，要改就很難了。就像爬山，山本來沒有路，但因為有人一直行山，行到最後形成一條路。習氣形成在於我們一開始沒有警覺，放縱自己的念頭、語言、行為，從而增長了無明，習性一旦定型，就好比火車走在路軌上，是沒有辦法脫離軌道的。修行屬於身口意三業的調整，我們在調整自己習氣的同時，其實也在實行利他的功德，這就是所謂的「度己度人」。

同事攝

為了救度墮入惡道的眾生，「四攝法」中的同事攝非常重要，所謂「同事攝」，就是設身處地，站在無形生命的立場、感受、語言，才能了解他們需要的是什麼？什麼樣的引導才能攝受他們，而無形眾生也才能因頻率相近接受開導。

透過法會熏修，思考儀軌的內容及反省，漸漸去除抱怨、遺憾，改變生命的態度。體會觀世音菩薩對餓鬼道眾生慈悲普度的本懷，進一步在生活中與有困苦的人相處時，也願意幫助拔除他們的痛苦，減退他們的無助感。

參加焰口法會，絕對不要有貪求利益自己的心，而是希望透過施食法門擴大我們的生命層次，在施食儀式中跟無形的眾生結善緣，善緣會引導大家未來的生命前行方向。

眾緣成就

瑜伽焰口法會主體架構分為召請、演說、講說佛法和辦理皈依四個部分。

第一階段，首先在瑜伽壇以〈戒定真香〉禮拜諸佛菩薩；然後前往往生壇，禮敬大家所超薦的亡靈；再到焦面壇，禮拜觀世音菩薩化身的焦面王。

第二階段，回到瑜伽壇，請聖和結界，主法和尚以金剛上師身分升座。

第三個階段，建立清淨法界，恭請釋迦牟尼佛、阿彌陀佛及觀世音菩薩進行第四階段超度工作。

為慎重看待超度先亡，瑜伽焰口法會的程序相當嚴謹，大抵來說，法會的前一個小時都在進行請聖的工作，從瑜伽壇〈戒定真香〉恭請佛菩薩；之後到往生壇邀請超薦的歷代祖先和冤親債主；接著恭請焦面大士，以及召請無祀孤魂，總共要召請三大類的對象。法會進行了兩個多小時後才開始超度的工作。

超度的工作要醞釀那麼久，為我們帶來啟示，平常待人處事要培養因緣，成就一件好事須眾緣成就，不是直接，而是要有布局鋪排。《千手千眼觀世音菩薩廣大圓滿無礙大悲心陀羅尼經》經文即透露，觀世音菩薩不直接講述〈大悲咒〉，而是「密放神通光明」，密密放光，引起大家注意及興趣。總持王菩薩跟觀世音菩薩有默契，以偈頌請示釋迦牟尼佛是誰在放光，觀世音菩薩才做出回應。另外《觀無量壽經》中，阿難尊者不是直接請示佛陀，而是先讚歎佛陀。正如星雲大師開示，佛教本來就是人間的佛教，佛法不離世間覺，不是超然於世外，不用理會人情世故。人跟人相處，要互相尊重，給人歡喜。面對生活，注意成就好事須眾緣成就。

超越生命

有個問題可以讓我們思考：當你每年抽出時間，做功德超薦先人，是否思考過，歷代祖先、往生的親人會不會來參加法會？

凡世間一切含識有情，只要有出生就會面對死亡，從佛法而言，我們要更深層的探討生命的意義，星雲大師曾開示：

生命第一階段，我們要求的是平安、安全，生命不能受到傷害。

第二階段，希望生活溫飽舒適。

第三階段，就思考我的生命跟這個世界的關係。

換言之，生命首階段是嬰兒階段，依賴父母養育成人。生命第二階段須由社會及大眾的因緣成就，就好像大家吃的、穿的、住的需要，都仰賴別人成就，因此在次階段必須廣結善緣。第三階段進入生命應該要昇華的階段，昇華就要依靠信仰。

大家不正是在生命的第三期階段嗎？因此應該要把生命提升、超越自己。須知信仰可以讓我們從沒有到有、從痛苦到快樂、從貧窮到富有，讓自己面對人生可以不斷尋求改變、提升。

接著生命還要邁進第四個階段——生命永恆不死，生命如何才能永恆不死？身體必會敗壞，但是信念是永遠不會消失，永遠存在宇宙當中，因此我們不能眼光太狹隘，認為親人不在、至愛不在，而讓自己陷入沮喪困境裡，如果歷代祖先沒有轉世，他們也是存在這宇宙之間。

我們對於整個宇宙的了解並不多，就好像我們每天都在呼吸，但我們並沒有感覺「我在呼吸」。歷代祖先跟我們不同，因為沒有色身，只有靈，靈就像電、空氣或光，不像我們從室內外出要開門，從十五樓到十六樓必須走樓梯或乘搭電梯。絕對要相信，當你為歷代祖先、考妣宗親施設超薦牌位時，他們必然存在你所在的佛堂大殿裡，在平行空間，跟著你禮拜佛菩薩，甚至跟隨大眾聆聽儀軌說明。不要認為看不見就不存在，只要有誠心，必定可以跟超薦的歷代祖先、考妣宗親連線。

焰口法會的功用，如星雲大師所開示，很多出嫁女兒在大年初二回娘家時，會順道拜訪和送禮給鄰居和親友，為娘家增添光彩。瑜伽焰口施食法會亦同，可以視為為歷代祖先大排宴席，為祖先和宗親帶來光彩，甚至能夠提升他們的地位及增長福德因緣。

處於生命第三個階段的你，務必要精進、發心、用心修行和學習。生命長長久久，如果我們能夠不斷繼續發心修行，就能進入生命的第四

個階段，信念永在，超越生死。

覺醒

「生命要用在刀口上」，即用在最適當的地方，不要把煩惱挫折放在心上，因為煩惱挫折只是因緣所生法，要把最重要的事情放在心上。

清楚生命正向的目標，不是自己要的，就不要去相應。所謂熟能生巧，如果大家勤練抱怨，就能精通抱怨；勤練快樂，就會精通快樂，在瑜伽焰口法會中不斷練習慈悲、練習柔軟心、練習建立正知正見，乃至於練習保持清淨，就會精通慈悲、精通柔軟心、精通正知正見、精通清淨。

有因緣參加焰口法會，就要好好守護參加法會的清淨心，畢竟在壇場內。有很好的所緣境讓大家收攝身心，讓大家能夠觀照到自己的起心動念。一旦離開法會壇場，乃至離開道場之後，面對五花八門的事物，多少會影響起心動念，而多世以來生命歷程所累積的習氣，也一直牽引著我們。若有因緣參加農曆七月連續焰口法會，則能連續不斷的練習精通慈悲、精通心柔軟、精通正知正見。

在五到六小時的瑜伽焰口法會中，我們念誦了多少佛菩薩名號、念誦了多少咒語、念誦了多少真實清淨的語言，殊勝難得的因緣，要能延續、熟能生巧，直至精通，透過一場又一場的焰口法會，堅定生命方向，發願面向美好光明，不跟煩惱惡念相應。悟後起修，走出道場才是接受功夫考驗的時刻，落實星雲大師提倡的三好、四給、五和精神，讓光明善美心念持續下去。

保持正知正見

佛陀最初在鹿野苑初轉法輪宣說四聖諦，在即將進入涅槃的時候向最後的一位弟子須陀跋陀羅宣說八正道，說法四十九年，希望大家建立正確的知見、正確的生命態度。我們舉辦孝道月，焰口和梁皇法會都是幫助大家建立正確的生命價值觀及生命態度。做人要像茶壺燒開水到沸騰時嗶嗶響一樣，茶壺的樂觀精神在於它的屁股已經被燒紅了，它還是保持愉悅的心情吹口哨。我們沒有正知正見、沒有正確的生命價值觀，哪裡能夠在逆境中保持好心情吹口哨呢？大家要透過連續十場瑜伽焰口法會，讓自己保持正念、正定、正精進。精進不是勤勞而已，精是很專心，穩定向前。但願大家從一場又一場的瑜伽焰口法會累積生命的正能量，即使在逆境當中仍然能夠保持好心情吹口哨。

從另一角度而言，我們能不能除了超薦祖先及過往的親人之外，告訴自己已有提升，看透生命的意涵。從今以後，保持正知正見，能夠用最美好的心念面對未來的生命。以不同的念頭、不同的想法、不同的做法，處理相同的情境，就會有不同的結果。面對生活的各種情境，我們要有好的念頭、好的行為才會有好的果報。大家透過一場又一場瑜伽焰口法會，淨化自己的心念，希望大家能夠擁有好心，多說好的語言，多做好的行為，確立正知正見，懂得緣生緣滅的道理，以正確的態度和行為回應生活的各種挑戰。

集體創作

每一次到了「禮請諸聖賢」這一段的唱誦，我就感到非常感動，因為恭請了觀世音菩薩和五方佛，還要禮請一切聖賢共同參與救苦的工作。我們只要看瑜伽焰口儀文這一段，就能夠深刻的感受到星雲大師一直教導徒眾「透過集體創作，成就利益眾生」的用意。我們往往覺得自己很了不起，只要自己來就可以了，不用別人參與，學佛要學到恭敬、謙卑，其實不容易，禮佛的頭面接足禮就是訓練我們要謙卑和自我反省。

從瑜伽焰口儀文中，我們可以了解，觀世音菩薩縱然德行高深、慈悲無量，也不致獨自對餓鬼道眾生施食，從示現鬼王身到集合聖賢大德，觀世音菩薩充分表現團隊精神和集體創作。面對這一期生命，我們絕對不只是要自己好而已，也希望學習觀世音菩薩的精神，在同體共生之下，與一切眾生共成佛道。

第五章

持咒的力量

透過咒語的力量，讓每一個人不斷感受佛光普照，去除無明黑暗、負面思考，讓我們能夠在面對生命的每一個當下，懂得善觀因緣、懂得說該說的話、做該做的事情，不留下遺憾。

真實的語言

瑜伽焰口施食儀軌中有許多的咒語，理解咒語內容有助觀想，在儀式過程中能更攝心。咒語也名為真言，即真實的語言、真實、不虛妄的話，梵文稱為曼怛羅（mantra）或陀羅尼。平常我們說話有很多的考量，有時不能說真實的話，因為講真實的話，不見得對方喜歡聽，或時空因緣不具足，咒語有佛菩薩的加持力，有不可思議的功德，沒有什麼不能，所以是真言。

咒語有很多不同的類別，數量非常多，通常因為咒語本身有時是一種心法，也因為一字具有多種，乃至無量意義，同時咒語也是一種音聲法門，因此咒語都保持印度梵語原音，沒有意譯為中文，而為學佛者所不熟悉，大乘顯教和北傳佛教也比較不在這方面做研究。佛光山八宗兼融，對於咒語，特別大家相應的佛菩薩的咒語，我們也有修持，譬如觀世音菩薩的〈大悲咒〉、〈六字大明咒〉、藥師佛的〈灌頂真言〉、

〈藥師咒〉、〈準提咒〉、《十小咒》，都是大家熟悉的咒語，也有做為每天的日課。

咒語大多是要我們放下妄想、調整強硬的態度，然後放下煩惱，清淨從內在到外在，不同的咒語最後都是得到共同的結果，就是圓滿、成就、吉祥。

咒語簡要的分析，有助於在唱念中盡可能感受咒語的意涵，而不是口中念念有詞，雖然拜得好像不是很辛苦，但好像也不是很歡喜，就這樣了事。

過去譯經有所謂「五不翻」，即：

一、秘密故不翻，比如咒語。

二、多含故不翻，指一詞多義的詞取音譯，不取意譯，咒語也有此特性。

三、此無故不翻，此是指中國，中國沒有的東西無法比擬，所以只取音譯，不取意譯。

四、順古故不翻，比如阿耨多羅三藐三菩提，意譯爲「無上正等正覺」，但自東漢佛教初傳入中國，迦葉摩騰法師一直採取音譯，後來的譯經師尊重前人，所以也沿用阿耨多羅三藐三菩提。

五、生善故不翻，比如釋迦牟尼、般若等，都是直接由梵文的音譯，而不翻為能仁、智慧，因為譯為中文限制了原文的崇高性。

在五不翻的準則中，咒語就有好幾個特性在準則中，因此咒語幾乎是不翻譯的，如果翻譯了，或白話解釋成一種意涵的話，咒語的意思會受到局限，理解原文的多重意涵也不是那麼容易，因此只是強調咒語透過音聲的音頻跟佛菩薩感應道交。不過在儀本中，咒語旁邊都有文字提示，與會者可以不用傻傻的念，只須感受咒語展現出無量光明意涵，佛菩薩降臨壇場，可以感受到佛光的普照、感受佛菩薩降臨的殊勝，然後光明進入我們的內心，我們也願意把擁有的光明、善美跟大眾分享。

從咒語的特殊性，我們也可以學習從不同的角度，思考日常處事

能否靈活運用我們的見聞，因為平常對於語言和文字有一定的定義，比如中文的「來」、「去」，是兩個不同的字，字義上也完全不同，但梵文的來與去，是同一字根，這給了我們無限的想像，由此我們思考，當所見所聞的超出所知的範圍，或者不是自己理解的情況下，大部分人展現出來的是抗拒，或者反對，尤其在語言上，大家更有很大的盲點，同樣一句話，說者和聽者的解讀就會有不同，甚至幾個人聽下來，反饋的是不同的版本，結局可能各執一理，而且理直氣壯。如果用理直氣壯的態度學佛，那將沒有辦法理解佛法的真實意涵，所以星雲大師總是教示弟子和信眾，要「理直氣和」。我們也可以從禪門公案發現，禪師的教育都不講道理，因為要打破大家對邏輯的執著。正如《金剛經》指出：「汝等比丘，知我說法，如筏喻者，法尚應捨，何況非法。」

咒言的殊勝意義

在焰口儀式中非常重要的〈大悲咒〉，是觀世音菩薩獲千光王靜住如來傳授，之後即時從菩薩初地證到第八地，並發願以〈大悲咒〉利益眾生，示現生千手千眼的聖像形相。

祖師大德在制定焰口法會儀軌時，因〈大悲咒〉的功德不可思議，咒力殊勝，而在焰口儀軌中加進〈大悲咒〉，成就利益眾生的佛事。在〈大悲咒〉加持之下，〈淨法界真言〉把整個法界清淨無染，壇場處於清淨的狀態，從中也可體會「隨其心淨則國土淨」。

〈加持花米真言〉蘊含宏廣施食、用之不盡的意涵，米代表光明種子，生出遍滿虛空的種種珍寶和飲食，用之不盡才能無量布施。

〈加持鈴杵真言〉，鈴聲讓人感覺很喜悅的意涵，當鈴聲一響起的時候，我們會覺得很輕快、很舒暢，乃至有一種警覺的意涵，提醒我們不要再迷迷糊糊的過日子。在焰口法會儀式中，鈴代表大智弘法，杵代表大力降魔，目的是折伏我們的煩惱，以及折伏煩惱之後，能夠建立正確的觀念，讓自己擁有智慧。

用心感受以上四個真言的作用，就可以理解眾生面對生命的固執根深柢固，很難改變。之所以鼓勵大家要持續不斷的法會修持，就是因為凡夫的價值觀無法馬上調整，須經由熏修，而經文和咒語能幫助我們調整和提升力量。觀世音菩薩聽到〈大悲咒〉，即時由初地躍升至第八地，但很多參加焰口法會的信徒，不知念誦多少遍〈大悲咒〉了，態度仍是生硬，為什麼沒有多大的進步？因為自我的意識頑強。焰口施食法會有這麼多咒語咒力加持，確實利益餓鬼道眾生，並給予佛法開示，令其心開意解，六道亡靈能夠受益，大家要反思如何做出改進，修行更能有成效。

在念誦〈六字大明咒〉時，一定要注意儀本咒語旁的小字說明，說明提及隨念清淨，進一步觀想十方世界形成大光明藏，在光明藏安坐不動。念誦時，要非常專心觀想，不能有一絲散念，否則不能得到相應，此時希望與會大眾都能身心完全放下，眼睛閉起來，專注在六字名號上。真的有需要走動辦閒事，則盡量放輕腳步，不要干擾別人，也不要在這時段喝水，因為會令念頭分散。

念誦〈六字大明咒〉，除了觀想之外，關鍵在於生起菩提心，悲愍眾生的苦難，把觀世音菩薩當成行菩薩道的重要見證人，幫助的不只是家人及喜歡的人，也願意幫助不喜歡的人，那是有一定程度的困難，可能對眼前的人恨得咬牙切齒，而自己也不是聖人。把心靜下來，好好轉念，或許做得到。須知世間沒有絕對的好人或壞人，壞人也會愛父母和家人，只是心量沒有擴大，十分自私自利，傷害他人的生命，搶奪財富。

轉念就是改變自己，煩惱的產生，都是因為站在自己的立場，要轉念再轉念，如果不從改變自己下手，只有跟隨生命的習慣繼續不斷的輪迴。大家皈依星雲大師座下，做為大師的弟子，要肯定自己是高徒，肯定佛法僧；不肯定自己，怎能肯定外在的事物？肯定瑜伽焰口法會能夠利益眾生，而且肯定的不是片面，必須要全面，包括自我的肯定，甚至對生命的信心。但這種肯定絕對不是自我感覺良好，而是期望能夠透過每一場的法會，不斷的做深沉的觀照和審思；面對習氣，能夠慢慢改變和調整，讓自己愈來愈清明，這也是瑜伽焰口法會能夠利益幽冥眾生之外，也能利益自己和我們眼前所有人。

理事圓融

焰口法會的手印和唱誦，都是顯示理的部分，不只是唱念開心而已。施食儀文常出現「唵啞吽」，我們誦到這組咒語時，要能觀想唵啞吽所代表的意義和殊勝。

「唵」是字母，代表宇宙的啟始，也代表力量、佛心，也可以做為「皈命」的意思。專注的把整個呼吸和思維貫注在「唵（om）」字上，會感到非常祥和安靜，增加生命的力量，擺脫惡習。「唵」做為咒語首個字母，力度強，感應更殊勝。

「啞」（讀音為阿）是梵文最早出現的字母，被視為一切語言文字的根本，即所有音聲之母，嬰兒剛出生第一個發的音就是「啞（阿）」，啞是一切法本性，我們的真如妙心，不生不滅，不垢不淨。

「吽」是原始的音節，金剛的種子智，是施無畏的力量，伏惡的根本，具有爆發力量，能降魔、除障。因此〈金剛薩埵百字咒〉以七個「吽」字做為結尾圓滿；而主法和尚在〈上師三寶真言〉則念誦「唵啞吽」加持撒出去的花米，寓意光明種子都充塞在虛空，周遍法界，廣濟無量無邊恆河沙數餓鬼道眾生，令彼等皆能飽滿充足，我們的心量也隨之擴大。

〈音樂咒〉以音聲供養三寶，五音和雅，六律交暢，微妙通徹，法會大眾可以感受當下，乃至未來生活都處於無礙的狀態。要通達〈音樂咒〉的意涵就要對三寶有真正的了解：佛不只是坐在大殿供人膜拜，而是延伸到所有人都是未來佛。佛法也不局限於經典中佛陀的教誨，而是懂得依因緣果報行事，不會有怨悔遺憾。進一步說，僧團強調和合無諍，跟身邊人互動保持恭敬謙遜，一定通達順暢，也就是星雲大師提倡的三好、四給、五和的精神和實際行動，從自心和悅達到世界和平。〈三皈依文〉中「自皈依僧，當願眾生，統理大眾，一切無礙。」其中「統理大眾」不是一般統合管理的意思，而是懂得分配和安排時間，有組織能力，緩急先後有序，一切無礙。擴展三寶的意涵，學習以平等心面對一切的人事物，生活相對就幸福美滿。

透過咒語的力量，讓我們每一個人不斷感受佛光普照，去除無明黑暗、負面思考，讓我們能夠在面對生命的每一個當下，懂得善觀因緣、懂得說該說的話、做該做的事情，不留下遺憾。

法會尾聲，誠心誠意的把參加焰口施食的功德回向給家人，回向給愛自己的人、討厭自己的人、陷害自己的人、讓自己咬牙切齒的人、不喜歡的人……一切都以平等心來面對，才有可能真正的圓滿創造雙贏，你好、我好、大家好。

焰口法會每一個咒語都有功能和目標，令眾生離苦得樂，成就圓滿。咒語的安排和次第十分嚴格，如果唱念、手印、咒語、觀想不完整或不圓滿，〈金剛薩埵百字咒〉有補闕漏的功效，令煩惱皆悉清淨。畢竟焰口儀式長、儀文繁複，一般人不容易熟悉，在持誦、觀想上難免遺漏，結尾有〈金剛薩埵百字咒〉可以圓滿法會中的缺漏，相信是一件開心而安慰的事，並有助產生堅定的信心，感覺把過往的先人、孤魂都送到西方淨土了。這是祖師大德的細心，回頭過來對照我們面對生命，是否安排了讓自己沒有遺憾的因緣？讓別人開心安心的因緣？

認真不當真

在唱誦到〈十二因緣咒〉時，要專注思考十二因緣法的道理，〈十二因緣咒〉提醒我們觀察世間流轉與還滅的因緣。

十二因緣又稱十二緣起支，佛教認為所有有情眾生，過去到未來，因緣果是相續不斷的，而相續不斷輪迴不休，不離十二個環節。

有情眾生之所以六道輪迴，首先是多生累劫累積下來的業種子，因

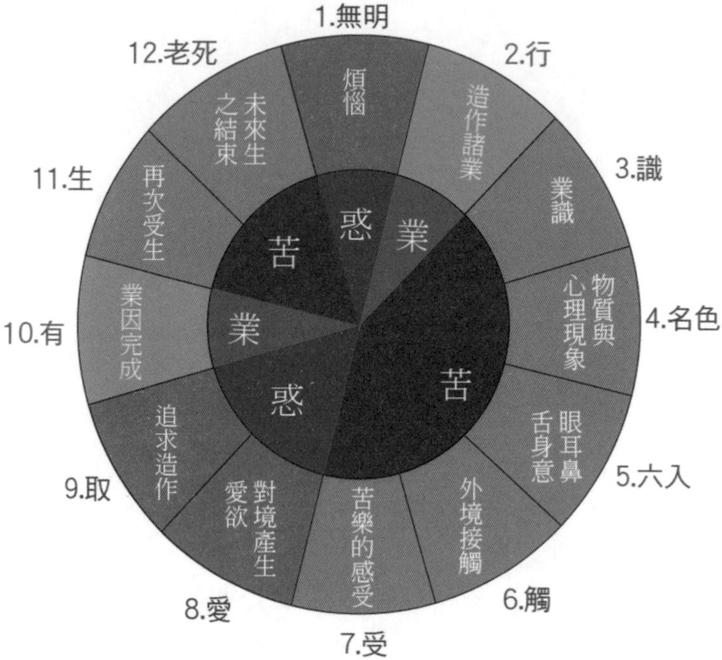
1.無明
煩惱
2.行
造作諸業
3.識
業識
4.名色
物質與心理現象
5.六入
眼耳鼻舌身意
6.觸
外境接觸
7.受
苦樂的感受
8.愛
對境產生愛欲
9.取
追求造作
10.有
業因完成
11.生
再次受生
12.老死
未來生之結束
惑
業
苦
業
惑
苦

十二因緣圖

為太久遠、太複雜已不可考，又因為這些業力種子，能障覆我人的清明本性，因此稱為「無明」，這是十二因緣的第一環節。

因為「無明」（業力種子）的帶領，而投生六道中該去的那一道，產生種種行為，開展一期的生命，再形成這一世生命的業種子，這就是第二環節的「行」。

接著「無明」＋「行」所產生的「識」，也就是佛教唯識學所說的「阿賴耶識」。簡單說，就是一個最後總結算的業種子倉庫，「識」所產生的業力，將我們帶到這期生命，於是我們在這期生命中，開始有了「名色（色身）」，色身成長後，我們五官完整、六根（眼耳鼻舌身意）具足，進入第五環節的「六入」，然後我們開始探索世界「觸」、產生感受「受」、感受後產生愛惡「愛」、愛者想擁有、惡者想遠離，這是「取」、從愛取惡不取中，我們有了執著「有」、有了執著，就無法超脫，於是這無法超脫的業力，又帶著我們輪迴到下一世，即是第十一環節的「生」，下一世和生生世世一樣，都脫離不了最終的結局

「死」，短短十二個環節，訴說了輪迴的真相，讓我們明白一切都是依因緣而有。

即使是一場的瑜伽焰口法會，也是依因緣而有，明白這個道理，面對生命就不要太計較，把因緣看清楚，然後全力以赴就好。我常跟大眾分享一個概念——「凡事要認真，但不當真」，認真處理眼前的事物，但當認真全力以赴之後，就不要當真。過了還要當真的話，那一定苦，因為很多事情都不一定依我們期待的運作。當對家人付出很多，或者為某些人付出很多，千萬不要期待有回報，自己無愧於心已經很好。學習隨順因緣，不要太有自己的想法和主張，否則想得太多又做不到，增加自己和別人苦惱。

在儀文中，每個咒語都有對應的手印，分為遣魔印、伏魔印、火輪印、真空咒印、大輪明王印、運心供養印、次結遣魔印、變空咒印、奉食印、觀音禪定印、破地獄印、召請餓鬼印、召罪印、摧罪印、破定業印、懺悔滅罪印、妙色身如來施甘露印、開咽喉印、三寶印、發菩提心印、三昧耶印、無量威德自在光明如來印、圓滿奉送印等。

叮嚀大家一個觀念，法會是大家共同成就佛事，但也要各司其職，儀式上主法和尚結手印作觀，大眾也能依照儀文小字如法觀想最好，如果無法觀想也沒關係，照顧好自己、不要打妄想、不散心雜話就好，不要學主法和尚結手印，那會干擾身旁的人，更何況沒有接受過正式的訓練，也不適合亂結手印。

介紹一個很簡單的手印，左右手都可以。把大拇指靠向掌

心，四個手指再包下來，名為「金剛拳」。金剛拳表示智慧所生出的金剛力量，堅固不壞的智慧體，也可以說是大圓鏡智的別名，它可以除掉各種煩惱習氣，就好像金剛可以摧毀掉各種物質，因此稱為「金剛智」我們這雙手，可以成就眾生，也可以毀壞一切。主法和尚結印的手是利益眾生，我們每一個人的手，一樣也可以利益眾生，一切由自己決定。金剛拳也表示佛的身語意三密總持，透過金剛拳來提醒自己，面對生命，我們要有如同金剛智慧的力量，摧毀、去除掉貪瞋癡三毒煩惱，提醒自己，要不執著才能自在，所謂無求就無懼，面對生命，沒有貪求就不會害怕，就會是個生命的勇者。

第六章

長養善根

在什麼環境，就深入這個環境，看清、看透這個環境，這是去到道場參加法會，所真正累積的功夫，這功夫就能增長福德因緣、增長善根。

佛弟子在學佛之初，常會有人讚歎：「你很有善根來學佛！」或者發願吃素的時候，也有人會稱讚：「你好有善根呢！」看到小朋友會背《心經》、念佛拜佛等，大人也會說：「哎呀，這小朋友好有善根。」細心想想，善根到底是什麼？如果說學佛是有善根的話，那麼學佛後沒有太大的進步，甚至可能退轉的話，善根去了哪裡呢？

學佛的人不一定要有善根，只要有善因緣，跟佛有緣，就能學佛。也許善根可以說是修養，有修養、有道德，操守很好，自己得到利益，那就必須把善根轉化成為給人，給人就是功德。

我們在宴請客人的過程中，一定是用很歡喜的心、很恭敬的心請客，人前人後都是一致。同樣道理，如果是焰口法會宴請客人的話，在法會中，我們的心是莊嚴、清淨的，法會結束，我們也應該保持在法會那份安定的心。心中要有人，心中有人，就會尊重對方，才會懂得語言要輕柔，動作也要輕柔，讓人感受到佛教徒有氣質、修養、道德，如此庶幾可謂「有善根」。有善根，還必須要有分享的心，願意回向給別人，願意跟別人共同分享，讓善根成為功德。利益眾生有各種方式，令人感到喜悅，令人覺得柔軟，也是利益眾生，也是一場佛事。

善根提升

很多人在法會唱誦中，感到很開心暢快，但是梵唄再好聽，當下開心，也只是當下而已，我們要注意，當聲音過了之後，它還會在哪裡？我們有否透過唱誦、觀想，讓自己善根提升？

「善根」到底是什麼？常常聽人說「善根深厚」，其實善根不一定深厚，就算是善根淺，那也不是問題，重要是怎樣界定。

佛法建基於三世因果，那麼過去、現在、未來三世是如何界定？要怎樣認識三世因果？從前面的十二因緣，我們明白了，過去的造作，未來一定要承受，那麼這個未來又是什麼？在什麼時候？

佛教又有「隔陰之迷」的說法，就是上一世無論我們做了什麼事、立過什麼盟誓、擁有過什麼名聞利養……，一朝往生就全空了也全忘了，用民間的話來說就是喝了孟婆湯。我們很難理解過去曾經發生什麼事情，因果具體怎樣運算出來。很多人覺得現在的挫折，源於上輩子結了不知名的惡緣，有些人於是選擇算命，推測的結論是某人過去跟自己有關係，問題是窺知過去生跟公婆妯娌是什麼關係、過去跟丈夫或妻子是什麼關係、過去跟上司同事是什麼關係……那又如何？重要是現在的關係應該如何維繫。

佛法講求實在不空談，因此強調把握當下，與其怨嘆這一生身體多病、時運不濟、遭遇可憐，認為一切不好都是過去所做的，因為過去做的，所以現在必須要承受；不如面對現實，因為我們根本不知道過去做了什麼，但我們知道現在所做，未來勢必要承受，倒不如把握現在，為自己創造一個美好的未來。

佛教徒有一個問題，很容易把不好的事情歸究於「業」，甚至濫用「業障」，睡得不好、吃得不香，感冒生病……都歸給業障。有人會

說，過去做得不好，因此這一生就過得不好，難道我們不敢肯定自己的過去生，真的沒做過好事嗎？實際上，哪有那麼多業障，六道輪迴中，有修善業才會出生在人道，能不能讓善行的力量繼續發揮呢？如果肯定自己能，那就跟善根有關了。

所以佛教的三世，站在這一世往回看，是過去、現在、未來，這種角度的盲點在於不可掌握，永遠只能逆來順受，但如果將目標放長遠，那麼三世也可以是現在、未來、永恆。現在的心念、行為，我們可以掌握，要發心學習，不要因為不了解佛法，就用推測的方式，把不好的事情全部歸咎於過去，大家要好好的把握現在，讓自己在這一世善根增長，儲備未來的資糧。如果想探討過去無量世自己發生的具體事情，只有一個機會，就是成佛。成佛前的位階「菩薩十地」的第三地發光地，大家能不能努力不懈的讓自己增上，如發光地菩薩一般不斷的發光，善根不斷的增長，愈來愈深厚。

增長善根

人生的路是一條什麼樣的路？譬如高速公路上駕駛車子，只能往前行，不能倒退、迴轉，或任意逆向行駛，當然也有人在高速公路做出這種事，但結局一定是馬上出重大事故。藉由學佛的因緣，從理解佛法中珍惜眼前的因緣，懂得在人生的沿途上欣賞風景。

法會要求大眾提早進入大殿，絕不只是乾等候，進到大殿內，有很好的機會讓心平靜下來，有機會反觀自己，乃至跟佛菩薩接心，這是難遭難遇的因緣。在法會之前，哪怕只是幾分鐘的時間，讓自己很安定、自在，那種覺受會在日後的生活中，產生很大的作用，因為透過這樣的機緣，已慢慢練習靜觀，能靜觀一切，清楚內在和外在的變化，自然而然就能做自己生命的主人。

一切數位化、科技化的現代，生活速度太快了，大家被整個大環境牽著跑，已經變成習慣，我們既然有因緣學佛，接受覺觀的訓練，要試著讓自己不要盲目跟隨，在什麼環境，就深入這個環境，看清、看透這個環境，這是去到道場參加法會，所真正累積的功夫，這功夫就能增長福德因緣、增長善根。

善根圓滿

焰口儀文最後有一段偈語：「諸佛正法菩薩僧，直至菩提我歸依，我以所修諸善根，為利有情願成佛。」一

意指正法是諸佛菩薩都要皈依禮敬的，並且願意把歷劫修成的善根回向給有情眾生，一直到成佛之後，這是諸佛菩薩也要累積善根，回向給十方有情，然後才能善根圓滿。我們想知道自己所累積的，到底是否真正的善根，只要跟隨諸佛菩薩，利益一切有情，一直到自己成佛，就能有圓滿的答案。

〈尊勝咒〉被安排在法會的尾聲，目的是讓整個佛事圓滿，在持誦〈尊勝咒〉之前，有首偈語：「西域尊者往東來，卻被文殊化引開，東土若無尊勝咒，孤魂難以脫塵埃。」這個偈頌蘊含焰口佛事圓滿，有兩種意涵，一種是神咒圓滿，一種是善根的圓滿。在誦完〈尊勝咒〉之後，主法和尚會把加持過的花米交給香燈法師，香燈法師拿著象徵光明種子的米，到焦面壇撒米，代表光明種子的米撒出去之後，所有無人祭祀孤魂等眾，接觸到了光明的種子就能夠往生西方淨土，上品上生。〈尊勝咒〉之後接著念誦〈往生咒〉三遍，意思是要與會大眾觀想，每一個生命體接觸到香燈法師所撒出去的米，生命從此面向光明、善美。

第七章

如法如儀

參加法會，必須有維護品牌的觀念，
在同一個壇場裡，大家沒有身心口意配合，不能與法相應。

佛光品牌

所謂品牌，是正派可靠、品質有保證、被大家肯定的。佛光山品牌有口皆碑，因為任何法會、活動，一向都要求嚴格，法師、信眾通過眾緣和合集體創作的理念，儀軌程序清楚、如法、莊嚴。我們到道場參加法會，必須有維護品牌的觀念，在同一個壇場裡，大家沒有身心口意配合，是不能與法相應的。法會進行中要專心修持，不要空跑一場，要清楚明白，透過參與法會直接跟佛菩薩溝通，求佛菩薩給予光明加持，即使只有一枝香的時間都要好好把握，跟佛菩薩即便只有一點點的感應道交，也是很殊勝的因緣。

七月的超度法會通常是整個月持續進行，一場接一場，透過法會儀軌的修持，我們要換心改性，未來往生無論到哪一道，都會遇到好因好緣，處處有善人相助。同時也要重視法會施食給受苦的眾生，讓他們飽足，進而接受佛法，他們就能做出改變，有改變就能離苦得樂，不管轉生在六道的哪一道，因緣都可以增上。

一場法會的成功圓滿不能單靠主法和尚和法師，大眾應該幫助主法和尚，讓他能夠專心觀想，在人數眾多的法會中，必須保持壇場莊嚴，在參與儀式之外，如有休息辦閒事的時間，也要安住於當下，避免聚集一起閒談，應時時學習佛菩薩清明及祥和之心，法會設有中場休息時間，是道場慈悲知道眾生需要，五到六個小時的法會，在體力上、精神上，都需要稍作休息，但休息不是下課，在焰口儀文有「勿得語笑諠譁。切忌麤（粗）心膽大。威儀齊整，動止安庠。」除了告誡被召請來的法界眾生，也提示大家在法會期間不要干擾別人。這是平時就要養成好習慣，在日常生活中注意身口意的行為，如輕聲說話、行止細心，尊重他人。法會修持和日常生活一如，無論何時何地都要維持修道人應有的氣質，平時身口意不調整，難以從法會中獲得利益，遑論跟佛菩薩感應道交。

行前準備

「觀想」是瑜伽焰口法會相當重要的一環，沒有經過練習，一開始會感到困難，因為這不像穿衣吃飯談話上網，不在日常生活中的東西，比較無法立即相應。再者，心沒有經過訓練，會比較雜亂，無法擴大思維。大多數信眾在進入佛殿的第一時間，會把平常的習氣帶進來，不關手機、不脫鞋子、散心雜話，乃至大聲喧譁。

參加法會，不是在出堂鼓響起那一刻，才要開始收攝身心，而是要先把狀態準備好，在進班後，就要保持「威儀齊整，動止安庠」，就像一盆靜止的水能照見事物，安靜的人，也才能照見自己的舉心動念。

百丈禪師叢林規則之一是「凡事以預立為不勞」，說明行前準備很重要，參加法會不是搭衣莊嚴進入殿堂而已，心態要準備好，才能得到完整的成效。「準備好」的功課，放諸四海皆準，日常諸事，不管是求學、就業、結婚、生兒育女、乃至旅遊，能事先安排妥當，凡事心裡有數，如同明鏡似的，遇事不會慌張疲累，達到事半功倍的效果。佛法和世法，道理其實一樣，佛門說「佛法在世間，不離世間覺」；反過來說，我們在世法裡無法心領神會的，透過學佛、讀經、法會，都能應用到世法上。

莫動道人心

凡夫因為認知有限，所以總是以有限的認知定義所見所聞，所以參加法會的信眾，常覺得進到大殿才是參加法會，一旦出了大殿就不算，其實六道眾生，以人的覺知最弱，即使鬼道眾生也有五通，一個道場啟建法會，他們在道場任何一個地方都能感受到，何況現在幾乎所有道場都使用麥克風，那梵唄音聲就傳得更遠了。所以為維持法會的莊嚴，最好全面禁語。

理論上，持續的參加法會，身心應該是輕安、靜定的，但不免有人覺察性低了些，在其他人用功做前行功課，靜坐、默念佛號或持咒之時，忘情交談，這對有心修持的人可說極為干擾，自己亦難以從信仰中增長智慧，不會明白用功的方法及當中的因緣成就。雖說佛光普照絕對平等，倘若持散亂心參加，則跟佛菩薩不相應，不相應而妄求佛菩薩加持，這太不合乎因果原則。法會是眾緣成就，每一個人都是重要的緣。要是清楚明白參加法會的目標，就會關閉手機和嘴巴，也會明白目的是要道場每一個角落都成為清淨的壇場，所謂「寧動千江水，不動道人心」。而信眾也才能透過禁語的要求，或者自主性的禁語，生起恭敬、虔誠、專注的心，一場如法清淨的法會，能夠讓我們的身、心、靈與法相應，達到真善美的境界，甚至當下感受到觀世音菩薩的普陀洛伽淨土就在我們的眼前。

透過法會的參與，練習尊重規矩，練習攝心守意，增長智慧，將這種練習「回向」給自己在日常生活的習慣做調整，並把在法會上相應到的善美感動、慈悲、平等心延續到家庭、職場和社會上，我們的身心必然愈來愈柔軟，念頭愈來愈清楚明白。

這裡重申，整個瑜伽焰口法會在施食過程，強調的是主法和尚要手結密印、口誦真言、意專觀想，用他的身口意三業與佛菩薩相應，達到利益幽冥眾生的效用。先透過施食咒語變食，讓餓鬼道眾生能夠飲食飽滿、歡喜之後，他們的心念就會轉變；再為他們開示佛法，改變他們的心性，告訴他們要離苦得樂，之後為他們皈依、受戒，使他們具足正知正見，引發菩提心，不要再造罪受苦，早日脫離餓鬼道、成就菩提。最後，把整個施食的功德回向給一切沉溺苦海的有情眾生，能夠快速前往阿彌陀佛的西方極樂淨土。

這一套嚴謹的施食超度程序，非常需要與會大眾秉持「莫動道人心」的觀念，期許自己成為主法和尚的助緣，不障礙或干擾，真的非得走動，建議在大眾一起唱誦時移步，避免在主法和尚或維那法師持誦作觀的時候走動，那會很容易造成干擾，須知「一分恭敬，一分感應；十分恭敬，十分感應」，想想此番參加，目的是要超度自己，超度先人，假設在主法和尚作觀想時，你那沒有關的手機響起，主法和尚可能觀想到的是一大堆手機，而不是食物，手機對餓鬼道眾生完全沒有幫助；若主法和尚超度時，手機突然響起，影響了觀想，可能也只有手機得到超度吧？

此外諸如大眾同誦〈大悲咒〉、〈六字大明咒〉等咒語時，也須觀想，若在此時頻繁走動、喝茶、翻塑膠袋，非但自己無法感應道交，也影響了旁邊的人，在持誦咒語的每個時段，期許所有人都非常專注在咒語的加持，比如持誦〈六字大明咒〉時，大眾專心一致，則大家都能夠得到觀世音菩薩的光明加持，自身的獲得光明，則能夠分享給所有的有情眾生，因此要虔誠發願，參加每一場焰口法會，都要當成一期一會，珍惜當下，把握因緣。

情理兼顧

有人說，聽聞瑜伽焰口法會進行中不能喝水，因為餓鬼道眾生見到會妒忌、不高興。

我們學佛，清楚理解多少就說多少，不完全理解的就不能隨意說，學佛要如實。佛陀的教法是慈悲的，星雲大師的人間佛教是兼顧情理，焰口法會少則五、六個小時，唱誦到口乾舌燥，有飲水需要是自然的事情，只要肯定不會干擾別人，不會發出聲音令其他人感到困擾就可以了，只是必須配合焰口施食儀軌。比如持誦〈六字大明咒〉時不飲水，那是因為要專心念誦，才能夠跟〈六字大明咒〉相應。

因此，建議與會大眾，專心觀想時，把眼睛閉起來，因為不管如何勸導，每個人的生理機制不同，總有些人會走動，如果定力不夠，就會受到影響。誦〈六字大明咒〉時，閉眼專心觀想光明不斷進入自己的全身，全身充滿觀世音菩薩的慈悲咒力加持之後，自己也擁有〈六字大明咒〉的光明力，再來願意把光明發散出去與分享眾生。方法是：先從自身的光明觀想，坐在法會壇場，光明一直不斷的散發，接著整個壇場的空間光明無比。如果在這一段能夠體會到一點光明的話，熟能生巧，往後面對生活，自然會有好因好緣出引導，往光明、善美的方向思維。

專注

法會儀式在禮請諸聖賢、六供養之後，開始念誦一百零八遍觀世音菩薩的〈六字大明咒〉，念誦的時間不會很長，而且咒語念誦的速度很快，大眾沒有機會打妄想，此時應該專注持誦，絕對不只是嘴巴念「唵嘛呢叭彌吽」而已，而是由內心的力量引發出來，堅定相信觀世音菩薩給予眾生救度的光明，如同陽光照射萬物般的放光，感受隨著持誦〈六字大明咒〉的音聲，觀世音菩薩的光明不斷散發出來，自己的身體也不斷吸收累積，直到整個身體充滿光明。

當光明不斷的加強，也代表生命力量、正面的力量很強大，因此這段儀文的小字有提及「大光明藏」，所有同在一場法會中的大眾，總成一個大光明藏，光明藏安立在壇場上，大造佛事。

因此這段儀文特別強調，不要散亂而影響專注力，切記不喝水、不走動、不講話。不夠專注，就沒有辦法跟〈六字大明咒〉的光明藏相應，發揮不了救度的工作。

再次重申，參加超度法會，要擴大心量，不只是超度有血緣的人，心要有大眾，才有辦法從生命歷程中學習、圓滿。集中精神觀想不是那麼簡單，不能停留在唱誦的美好音聲裡，藉著儀文提醒自己，從此心念要面向光明、覺悟及智慧，背棄煩惱無明。要理解儀文更深層的意義，往內觀照，並訓練自己一進入大殿就端身靜坐。假如動不動就攀緣，這裡看、那裡望，只要有人行過，就見一個望一個，那是沒有專注，不能把心定下來。

第八章

菩薩精神

焰口儀文的敷演，有著豐富的文化內涵，施食是無限制的救濟，平等的布施，對象包括六道眾生，充分展現大悲觀世音菩薩普濟群靈的本懷、處處應現的大乘菩薩精神。

普濟群生

「放焰口」是對餓鬼道的眾生平等、普遍的布施，佛陀教導了很多真言，讓餓鬼道眾生能夠得到甘露法食，心性得以轉變。我們如法持誦真言，被召喚的眾生仰仗佛力，就能離開餓鬼道的苦難，這就是放焰口的作用和目的。

焰口施食的性質又可分為陽上（即在世者）慶生的「陽焰口」，以及超度亡者的「陰焰口」，現代生活忙碌，「陽焰口」因而不普遍；也有齋主以本身的財力，請寺院道場專為自己家族放一堂焰口，稱為「獨姓焰口」，但一般寺院道場開放給大眾的「眾姓焰口」法會，還是較為普遍流傳。

焰口儀文的敷演，有著豐富的文化內涵，施食是無限制的救濟，平等的布施，對象包括六道眾生，充分展現大悲觀世音菩薩普濟群靈的本懷、處處應現的大乘菩薩精神。

華藏玄門

心甘情願

在焰口儀文裡提到菩薩道難行能行，「假使熱鐵輪，於汝頂上旋，終不為此苦，退失菩提心」，除了學習菩薩精神，重在心甘情願，我們也要學習茶壺的樂觀精神，茶壺燒開水，即便壺底已被燒紅，還是要保持吹口哨的心情，這指的是情緒管理。試問「假使熱鐵輪，於汝頂上旋」能受得了嗎？因為心甘情願，再怎麼艱辛都會認同，心甘情願是非常重要的菩薩道精神。因為認同，所以每年農曆七月的焰口法會，總是有很多人，排開萬難堅持不缺席，求法、慈悲超度眾生的精神難能可貴，所以法會尾聲的唱誦常常觸動大眾，這是相應，也是感應，可以感受到大眾的對自己的肯定和對佛菩薩慈悲心的感動。

焰口法會最末段的〈送聖讚〉：「佛慈廣大，感應無差，寂光三昧遍河沙，願不離伽耶，降福齋家，金地湧蓮花。」意指施食法會的功德能夠降福到每一個人的身上，我們所超薦的對象也能夠「金地湧蓮花」，金地指西方極樂世界的黃金地，在極樂世界的地上湧出蓮花，即出生到西方淨土，蓮花化生。

有情有義

星雲大師常教導大家做有情有義的人。因為有情有義，我們集中力量救濟受苦的眾生，自利利他，他人受益，自己也快樂。

佛門稱呼服務的人為「義工」，而不稱為「志工」，因為我們不是有志願就好，「志」是一種意向，也可以解釋為願力，但意向和願力畢竟還是有善有惡，發心幫人是志，發誓報仇也是志。所以除了志，還要有情有義，「義」則是全然的善美，是一種正向奉獻的精神，古時候有義學、義莊、義舉、義行……都屬奉獻為人的精神。

因此，做為義工，不管受到肯定或否定、笑臉或惡言相向，都要堅持有情有義。義工本身亦要有改善的決心，不要覺得積習難除而放棄努力，能下定決心修正，就是修行的第一步，跨出了第一步，依照佛菩薩的聖言量教導，就能與菩薩感應道交。

義工進入寺院道場要看佛面，不看僧面，佛才是究竟。要和佛一樣，自覺才能覺他，覺行圓滿。義工要想幫助別人覺醒，自己先要能醒覺。來到道場，從服務中學習不計較、不比較。佛從無明煩惱中覺醒，我們每天早上也從夢中醒來，每天起床時要發願，「我要學習佛的覺醒」，從每個接觸的人事物的境界中醒來，處於清楚明白的狀態，就不會說錯話，也不做出後悔遺憾的行為。

不要做工人，要做行者

在殊勝的孝道月當值，義工要有清晰的目標，我常勉勵義工菩薩「不要做工人，要做菩薩行者」，來到道場受到義工服務的人，也要認知到，眼前為你服務的義工，不是工人，是菩薩行者。

菩薩行者只有承擔，期許做觀世音菩薩的千手千眼，為眾生服務，透過義工服務實踐「行佛」。

「學佛」是觀念，是理論的學習，要能把文字的意涵應用在生活當中，得「行佛」，行佛是從生活中實踐學到的佛法，提升修行的層次，而不再只是知識的累積。

「行者」是修行的人，修行重在調整自己的身心，不一定局限在大殿禮佛拜佛，要透過生活實踐才最可貴，明白這一點，行佛的意義才叫落實。

行就是造作、行為，行為造作是透過思慮、思想、感受後，從身體和語言表達出來，行佛的真正意涵絕不是貧乏的「我做」口號，而是「我怎麼實際執行」，這才是有思想的行者。修行，由學佛到實踐，層次的提升必須有因緣條件，要有人、有事、有境界，透過這些外在條件才能有緣實踐佛法，在境界當中能克服自己不習慣、不明白、委屈，感謝有這些外在條件，才能有機會為大眾服務，累積善緣福德。行者的

南無大悲

理念，就是落實星雲大師的「四給」——給人信心、給人歡喜、給人希望、給人方便；而不是給人難堪、給人難過。「給」的法門很容易，哪怕一個笑臉、一句問候，就能給人歡喜給人信心了，發心願意參與服務工作，也要知道娑婆世界是五濁惡世，無法到處都能收到善美的回應，在遇到挫折時，要記住保持初發心，最重要記著，義務工作一定培養福德善根，而善根一定跟菩提心、菩薩道增上有直接關係。

誓度眾生

焰口儀軌為餓鬼道眾生及亡靈皈依三寶，在稱讚「七如來」之後，儀式緊接引導所有亡靈皈依三寶，讓接受超度的眾生的心，回歸到生命本來的清淨，因此不要只是在儀式上參與，要打從內心感受每一節儀文的意涵，同樣，念〈皈依文〉時不能只是嘴巴念，皈依的誓願心要很強，要肯定的念。

我們常常在生氣吵架罵人時，用盡全力，卻在皈依發願時，輕輕的帶過，在修行的意義上，這是顛倒的，我們反而要在持咒、皈依、發願時用上全力，把誓願心和誓願力注入內心深處，產生堅強的向上提升力量，讓生命趨向光明。

皈依三寶之後，接下來的儀式就要教導亡靈發菩提心，我們自己成就了，還要幫助別人成就，希望所有的一切眾生都跟自己一樣前景光明。焰口儀軌為亡靈受清淨戒，即受三昧耶戒，作用是警惕我們每一個人在受戒後，不要再有不當的行為，因為不好的行為會障礙自己，甚至會產生惡業惡果，成為自己提升進步的障礙。

接著施食給所有的亡靈，再飽餐一頓，在這個環節必須提醒自己要有平等心和慈悲心，集中整場法會所有的力量，全部回向給在場的信眾，大家都能夠成就菩提。

最後，把法會的功德回向給所有的生命體，發願所有眾生從法會的功德力量中得到覺悟，以至解脫。最後再一次叮嚀，所有參加法會的亡靈到西方極樂世界安心立命，淨土修行要再回入娑婆，行菩薩道。

要效法觀世音菩薩的「眼前盡是有緣人」慈悲精神，提起對眾生的悲愍心，見到的人都視為佛菩薩的化身，遇到的境界全屬於菩薩應該經歷的境界。如法如儀的進行心靈改造工程後，福報會因心性上的改變而不斷累積增上，受到委屈羞辱也能自在，不會生怨氣和報復心，所謂「心能轉境，心就能安住」。

最後整個施食的功德，回向給一切沉溺的有情眾生，能快速前往阿彌陀佛的西方極樂淨土。為什麼要到西方極樂淨土？因為在淨土有諸善上人陪伴一起學習，不會退轉，學習圓滿之後，還要再回到娑婆世界利益有情。

行持十度波羅蜜

焰口法會儀軌範本開始有一頁象徵宇宙世界的曼拏羅繪圖，曼拏羅現代大多譯為曼陀羅、慢怛羅等，是古印度的宇宙觀，這裡引申為壇場。另一頁是一張十指繪圖，十指代表的是十度，有布施、持戒、忍辱、精進、禪定、智慧、方便、願、力、智。十度比六度更加精細，後面的四度是從前面的六度開展出來的，禪定開展願度和力度，般若開展方便度跟智度，方便度又能幫助布施、持戒和忍辱，而力度又能夠幫助禪定，智度是協助智慧，因此後四度又是強化前六度。我們常說是般若智慧，但是後四度其中之一叫智度，這個智度跟前面的般若智慧是不一樣的，後面的智度是指自利利他的智慧，菩薩的行持要落實十種波羅蜜。

主法和尚透過〈十度真言〉加持十個手指頭，把他的手指頭做為度眾生的象徵，透過手指頭做施食度眾的工作。隨著〈十度真言〉的唱念，和尚以他的兩手運轉蓮花印加持，透過咒力的功德，他的手成為清淨手以進行佛事。以佛性平等而言，法師和大家的手沒有不一樣，大家的手也可以成為清淨的手，要期許自己每天實踐十度波羅蜜。儀文接下來結觀世音禪定印，主法和尚求請出定，加持淨水為八功德水，灑淨壇場，這時道場大眾一同觀想觀世音菩薩的大悲甘露法水遍灑，同時洗滌我們的煩惱、罣礙、悔恨、疑惑等負面情緒，重新開始，發願勇敢向目標跨進。

星雲大師常用手做比喻，手掌張開可以拍手讚歎也可以打人；合為拳頭的手勢可以代替加油也可以擊壞東西，這個環節，我們要思考，主法和尚以十指化為十度利益眾生，我們也可以用自己的雙手利益眾生，正確學習佛法，會愈學愈歡喜，會愈來愈有表情、愈來愈會有慈眉善目。

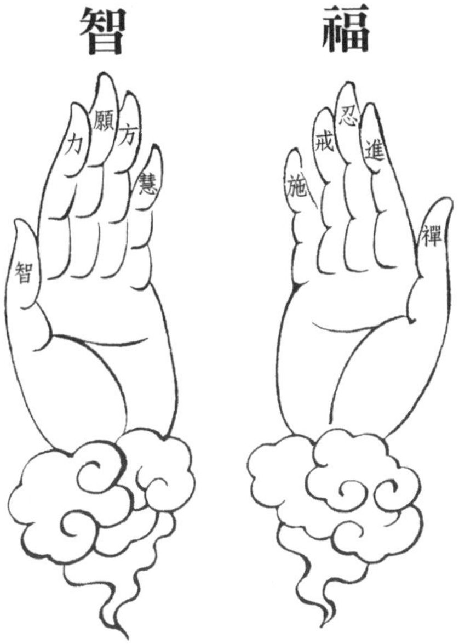

光明思考

在持誦〈加持花米真言〉

的環節中所供的米，透過咒語的力量，能夠產生不可思議的功德，要觀想每粒米都成為光明的種子，散發出無量的珍寶，變現像虛空中的雲一樣，布滿整個虛空。

從〈加持花米真言〉可以得到啟示——法會教會我們藉由外在的所緣境，透過外在的東西利益有情眾生。

看來平常的米粒，當米粒成為供品，藉由真言，從一小粒、一小粒的米出生光明的種子，直至遍滿虛空，利益無數眾生。那麼往後在吃飯時，就不會只是吃而已，而會用好的心情、好的心念吃米飯，會發現米飯不只是讓身體得到飽滿而已，而是感到「我也具足正向光明的思考，充滿力量」。

米在儀式上是光明種子的示現，十根手指可以做為〈十度真言〉，往後看自己手指頭的時候，也不是看美不美，纖不纖細，而是能夠提醒自己，十指代表十度波羅蜜，導引出「要好好觀照、好好運用十根手指，隨時隨地實踐菩薩的十度波羅蜜」。

不忘初心

焰口儀文中念誦到「一心奉請」的時候，是恭請諸佛菩薩、龍天護法降臨壇場，期望仗其威德，佛光加被，讓壇場更如法如儀，讓眾生能得度。這是非常微妙的，簡單來說，「一心奉請」蘊含著不忘初心的警惕，我們之所以恭請諸佛菩薩、龍天護法法駕壇場，是因他們誓願要護持佛教及修行人，因為不忘初心，而能圓滿成就；我們學佛修行，參加法會，也不要忘記當初學佛的發心，向著我們所奉請的佛菩薩、龍天護法看齊。

凡夫所居處叫有漏世間，要明白既然是有漏世間，就一定不圓滿，千萬不要因為挫折而忘失菩提心，不要忘記學佛的初發心。有些人雖然學佛了，卻動不動就說再也不來這個世間了，在佛教的修行體證中，做為凡夫，還沒達到任意說來就來、說不來就不來的境界，必須是證悟到四果阿羅漢的境界，才可以不再來這個世界。何況，連佛菩薩都沒有放棄娑婆世間的我們，在法會中一再被「一心奉請」，只要眾生有求，必定聞聲救苦，我們自己怎麼可以虔誠拜佛時就「一心奉請」，遇到挫折就不來了呢？

第九章

一期一會

面對生命的最後一天，應該在意的不是外在的事物，而是內心的狀態。
如果現在的您，就是清清楚楚、明明白白、乾乾淨淨的狀態，
請在生命有效、有限的使用期間內保任它，好好善了、圓滿。

感應珍惜

民間的廟宇最常為人津津樂道的，就是什麼宮什麼廟很有感應，什麼千歲什麼將軍很有感應，路邊也常看見土地廟的匾額上寫著「有求必應」，大多是信徒所求靈驗而來。

佛教也講感應，禮佛時稱念的偈子有「感應道交不思議」的句子，但佛教的「感應」是什麼呢？不是佛菩薩摩頂，有求必應。

有句話說：「人有誠心，佛有感應」，我們做什麼事情都可以感應，感應就是要有所感受、有所感動，自然就會得到回應，就是感應。瑜伽焰口法會也好，梁皇寶懺法會也好，必須有所感受，自然就會得到佛菩薩的回應。信眾在參加瑜伽焰口法會的當下，可能感受不深，因為當擁有的時候，不會感受到擁有的可貴，感受不深，那麼法會之於你而言，只是唱誦豐富又優美，只是壇口之間來來回回、跪拜起起落落的舒展筋骨，運動量充足，充其量就是參加了一場很殊勝的音樂會及運動

會，沒有所謂的感應。

因此在參加法會之前，須得覺知：雖然很多道場在農曆七月啟建連續的法會，但一年也只有一次孝道月，對多數人而言，參加一場都覺得不容易，他也許平日得工作，只能排休個一天兩天參加法會，總不能每天請假參加法會；也許只能在週末假日參加一場；也許假日必須陪家人、帶小孩、打掃……連假日都無法參加。這還不是最糟的，有些人非常渴望法會熏修，但總是種種阻擾，家人反對的、中途事故的、臨時加班的……想想這些障礙都排開，才能在法會壇場禮佛唱誦，是多麼的稀有難得——必須有這樣的感受，感恩一切難能可貴的因緣，感恩家人的護持，感恩自己的福德因緣具足，如此必然很珍惜這一期一會，珍惜與佛菩薩感應道交的機會。

有些人福德具足，得以天天持續的熏修，但不要以為這樣就叫精進，真正的精進，是透過法會的參與，懂得更加積極、樂觀、光明，進一步在生活中改變身口意，令自己口出蓮花、常帶微笑、光明思考，學習佛菩薩的慈眉善目，以自己的提升接引親友，才是真正精進。如果目前處於困境，也不要氣餒，修行是在逆境中磨練和提升。

獨一無二

有句話說「行百里半九十」，意思是路程有一百里，儘管已經走了九十里，理論上接近完成，但只要不是真正抵達目的地，即使走到第九十九里，也只算一半。一場瑜伽焰口法會少則五小時，一個月的瑜伽焰口法會十場二十的都有，如此嚴謹的法會，照理說能過半就輕鬆了，因為儀文、程序，乃至身體的適應等等，愈來愈熟悉，在觀想上也大約長進了。事實上過了一半最不容易，因為熟習之後，相對的也會鬆懈。

一個職場新人，面對新的工作會很謹慎，慢慢熟悉了覺得也還好，夫妻剛開始家庭生活也是一樣，來自不同家庭的生活態度必定不同，新婚時還能互相體諒配合，幾年之後沒了新鮮感，多了新成員，多了財富，什麼問題都來了。

前段提到珍惜，夫妻要珍惜彼此，因為每一天都是獨一無二；同事也要珍惜，因為同事、主管也是獨一無二，你辭了這裡另謀高就，面對的是不同的人，不會是眼前這一批。參加法會更要想，每一天每一場每一偈一誦一句，都是獨一無二，你每唱誦一句、禮佛一拜、每一個心念，都是獨一無二的，這一次的法會，是獨一無二的，昨天也許精神體力還不錯，今天跟昨天卻不一樣了……通過如此觀因緣法的自我訓練，能觀察到自己心念的起滅，和此時此刻置身法會現場的莊嚴殊勝，延伸到生命裡，這期生命，只有這一會，下期生命會在哪裡？乃至下期還有生命嗎？面對這一期一會，是否應該把握當下呢？

珍惜眼前人

前面章節提過的焰口法會儀軌結構，這裡略述一次，焰口法會的儀

式，著重在以食物與餓鬼道眾生結緣，法會當機眾是餓鬼道眾生，以及焦面大士的示現，但是焰口儀文的內容，不會只是單單超度餓鬼道眾生而已，其他所有四生六道的眾生，甚至包括菩薩也是我們祝福的對象，這從儀文尾段唱誦的「承斯善利」系列就能了解，這一系列，表達了在法會即將圓滿前，願以這堂法會的功德力，祝福三惡道眾生、人間諸有情、天人、各種根器的修行人、登地菩薩都能解脫成正覺，並回向以上三界六道眾生獲得三寶加持，一切時中恆吉祥。

儀文讓我們了解，我們須有柔軟心，願意透過法會修持，與各類眾生結緣，那麼為什麼不把握眼前與家人和朋友的因緣，好好珍惜、好好結善緣呢？

我參與為數不少的焰口法會，愈拜愈感動，愈拜愈歡喜，因為每一次的參與都會發現，從自己的生命歷程，以及在各種不同類型的人中知道，我要給我這期的生命什麼養分，也慢慢知道要用什麼方法跟不同因緣、不同的人互動。

我也在為數不少的各種法會和活動中，對參與者做事前說明，比如瑜伽焰口法會、梁皇寶懺法會，我主法過無數場，儀軌說明也講過無數場，但每一場的主法，每一場的儀軌說明，我仍然慎重準備，因為我將每場法會都當成第一次，也是最後的一次。期望有緣大眾，也把每場法會，當成這期生命中唯一的一次。

此生無憾

法會圓滿，大眾的心情必定是愉快的，那麼，歲月一天一天的流逝，到了最後那一天，我們會不會也是愉快的心情呢？

面對生命的最後一天，應該在意的不是外在的事物，而是內心的狀態，沒有遺憾，也沒有怨恨任何一個人，感恩這一期生命過得清清楚楚、明明白白、乾乾淨淨，沒有虧欠任何人。如果現在的您，就是清清楚楚、明明白白、乾乾淨淨的狀態，請在生命有效、有限的使用期間內保任它，好好善了、圓滿。法會圓滿，天人歡喜，也要把這個法喜，充滿您的每一天，因為它是獨一無二。

我們的心很急，急，就沒有覺照，在匆忙中容易失分寸，言語沒辦法表達清楚，動作更弄巧成拙。覺照，要靠訓練，靠累積，參加法會，不是數字的累積，而是在愈來愈熟悉的法會過程，累積善根福德因緣及正知正見，發願回向結緣的十方大眾，功德就不可限量；同時也學會自我深層觀照，專注力和菩提心要愈來愈強，當境界來時，更懂得做出適當反應，當無常一到，我們也才能清清楚楚、明明白白、乾乾淨淨的此生無憾。

第十章

總結

學佛後，知道遠離顛倒夢想，在最後一口氣結束時，提起正念「不迷、不取、不動」，圓滿一切功德，回到自己的淨土。

瑜伽焰口儀文豐富，不可能參加一次法會就把博大精深的佛法融會貫通，正念的提起和轉念，更是要不斷的提示。法會無分大小，功德也沒有大小之分，最重要的是我們參加法會的那份心。

人之所以幸福，不是因為擁有多少財富，而是減少了多少欲望。在五個多小時法會修持裡，慢慢減少自己的欲望，將每一場的法義內化，達到心領神會。如果有所增長，也不要自滿，用歡喜的心分享，避免說教式的「交代」，要讓別人感到學佛人的祥和氣質，相處沒有壓力。

功德圓滿

繪本《失落的一角》，形容一個缺了一角的圓，覺得自己的人生有遺憾，他用盡各種方法尋找那個缺角，因為他缺了一角，無法順暢的滾動，一路只能被動的走走停停，他也利用停下來的空檔，和路上的蝴蝶、小草等聊天。這樣經過千辛萬苦，終於找到缺角，成為一個完整的圓，他想開心的分享，卻因為嘴巴被缺角塞住而說不出話，他想找蝴蝶、小草等老朋友聊天，卻因為滾動太順暢而停不下來，把老朋友遠遠抛在後頭。他知道了，他所以為的圓滿並不是真的圓滿，於是他輕輕把缺角放下，各自去過真正圓滿的人生。

我們所認為的圓滿是什麼？有很多人說，等我老了，再來學佛，因為想趁年輕好好為事業衝刺；也有很多人說，等我賺大錢，我會好好奉養父母，總的來說，都是想在人生達到一定程度的圓滿時，再來做他覺得重要的事，吊詭的是，既然是重要的事，不是應該即時把握嗎？這是因為我們對圓滿的認知，跟前面那個缺角的圓一樣有盲點。

圓滿是什麼？圓滿是有多少因緣，就做多少事情，留下一些缺陷也滿好的，因為這是個有漏的世間，本來就不可能十全十美。我們生活在妄想當中，會有「我相、人相、眾生相、壽者相」的分別。因為有「我相」，因此自我意識強烈，堅持己見，一定要用自己的方法做事，這裡要小心，福報愈大的人，「我相」愈大，因為人生路一路順暢的人，難以體會路途艱辛，而慣用自己的角度對人對事，心中有一個很大的自我相狀。

因為有「人相」，所以看這個是好人、那個是壞人，這個人我喜歡、那個人我討厭，這個人是盟友、那個人是對手……在心中把每一個人都標籤為一個相狀。

「眾生相」是人與人接觸會創造出很多人事的因緣，即眾緣和合而生起的現象，就叫「眾生相」。

「我相、人相、眾生相」指的是空間，「壽者相」指的是時間，意思是有一個相續時間性。今生是這個樣子，來生也是這個樣子，執著一個自我，創造一個五蘊的身心，再變造一個身心世界，然後又是一個輪迴，如此不斷輾轉輪迴。在有漏世間想追求十全十美，那是給自己製造麻煩。生死輪迴是我們所創造出來，我們本來是清淨，內心本來沒有煩惱、沒有罪業、沒有生死。有生死是因為「仁者心動」，自己動了念頭，在清淨的本性裡揑造出妄想，然後妄想帶動煩惱、帶動罪業、帶動生死的果報。因為有生死果報和輪迴，所以才要法會超薦。

妄想可怕之處在於不知不覺，以及輾轉增上。很多人學佛後漸漸開竅，才發現原來自己的煩惱妄想這麼多，沒有學佛之前，眼睛是往外看的，學了佛之後眼睛往內觀，慢慢懂得自我反省。學佛後，也知道要遠離顛倒夢想，在最後一口氣結束時，提起正念「不迷、不取、不動」，圓滿一切功德，回到自己的淨土。

永不退轉

修行是身口意三業的調整，我們在調整自己習氣的同時，其實也在當下行利他的功德，這就是所謂的「度己度人」。

一個真正了解因果的人，會懂得把握時間修行，有善根的人必然會喜捨布施、行善，乃至不管怎樣忙碌，也一定會安排時間學習佛法，精進不懈。有人表示沒有時間學佛，然而生命無常、人身難得、佛法難

聞，追名逐利沒有止境，欲望無窮。在理的學習上，我們必須儘可能的上佛學課程、參加法會，法的熏習不是一蹴可幾，而是持續的，循序漸進的熏習，深入思維；在事相的修持上，則將所學所熏應用在生活中，練習息滅貪瞋癡，珍惜修正自己的觀念和行為的機會，並回向給所遇到的有緣人。學佛、聽經聞法不是要賣弄學問，而是要腳踏實地力行，才能真正領受佛法的利益。參加法會也不是禮懺就了事，而是藉著法會熏習的要領，悔過、讓心靈清淨，增長菩提心，所以，再怎樣忙也要修行。

人間佛教不純粹在教理上的鑽研，而更著重把佛法應用於生活當中，修正身口意行為，提升生命的品質。佛教八萬四千法門，皆是引導大家入佛知見。瑜伽焰口施食法門透過文字般若、音聲行法，揭示佛法真理，普濟六道群靈，落實大乘菩薩道，破除眾生的偏執和不正確的見解，具有教育啟蒙的功能，提升生命的層次，冥陽兩利。

祝福

祈願佛力加持，觀世音菩薩慈悲力護佑，讓所有因閱讀本書而認識到殊勝瑜伽焰口法門的仁者以及您的家人，身體健康，少煩少惱，具足善因善緣，所求滿願。乃至因為本書因緣，而有緣參與瑜伽焰口法會，所超薦的過往親人、歷代祖先、冤親債主，能蒙阿彌陀佛護佑，往生西方極樂淨土，蓮登上品。

祝福大家！

願以此功德
莊嚴佛淨土
上報四重恩
下濟三塗苦
若有見聞者
悉發菩提心
盡此一報身
同生極樂國

ロアンヌ

附錄一

供菜篇

梵音嘹亮警醒魔怨心，施食佛事破迷離邪行，
因緣果報體證真法益，智信大乘根本覺有情。

一帆风顺

附錄二

瑜伽焰口法會心得

在普門寺參加的第一場焰口法會，便有因緣聆聽永富法師法會前儀軌開示。以前因有能力給予和付出，總是趾高氣昂，現則能隨文觀想，從每一聲召請、佛號，長養慈悲心、恭敬心和平等心，透過內觀和懺悔擴大心量，把握一期一會生命，利益一切有情無情，願眾生離苦得樂。

——柯佳秀

從永富法師的講解及儀文中理解到種惡因，得惡果，體會到凡事要有體諒心，無論在三惡道或在人間，每一個眾生都會有過失，只要願意，也都會有機會改過。佛教連我們看不到的眾生也顧及，透過瑜伽焰口法會，讓受苦的眾生往生善處，佛教的慈悲真是很偉大。

——鄧潔儀

永富法師對於瑜伽焰口法會前的解說，讓參加法會的人了解每一個環節的內容，隨文入觀，非常攝心。最初內心未能完全平定下來，但隨著每天的修持，漸漸感到清淨，心不被外境擾亂，安住於法會的當下。

——蕭灝東

聆聽永富法師的法會儀軌說明已有數年，每次感受都不一樣，每次講解都有新亮點和不同的切入位，倍感佛法與生活的聯結性，亦更加體會星雲大師的人間佛教教法。

——王思源

「讀經千遍，其義漸見」，加上永富法師每次在法會前的開示，愈來愈明白儀文的意涵，也更能深入瑜伽焰口法會的要義。

——顧明美

「地藏十王起哀憐……」，耳邊傳來永富法師音聲，眼眶止不住淚水；法師說：「佛菩薩因為以慈悲為出發點，不是緣境產生，不是依靠境界，不是單一對象，是緣十法界。」原來自以為的慈悲並非無相的慈悲，好慼慚愧！聽過法師講解法會儀軌，如今更懂得調整身口意參加瑜伽焰口法會。

——簡秀翎

永富法師擔任普門寺住持時，對於每場法會非常用心且要求嚴格。大殿壇場布置務求莊嚴、舒適，一進入便能收攝身心、安住在法會；贊普臺的供品豐盛，以期眾生身心安樂。法會開始前法師總會解說儀軌內容，叮嚀大眾隨文觀想、作意；因此能清楚明白焰口法會意涵，深刻感受給眾生歡喜的用心。因著這樣的學習因緣，我面對逆境時，能提起正念，作光明想，堅定對佛法的信心。

——曾素蓮

每次參加焰口法會都有新收穫。一回永富法師法會前提醒參與不在次數多寡，在於透過法會讓內心柔軟。進行到〈召請文〉時，深切感受人生無常與世間苦，感動法師唱誦聲中顯露的眾生平等，及廣大的慈憫包容，不禁發願：我要用柔軟心待人。

——盛蕙

透過永富法師的指導，深刻體證默念《心經》和誦持〈六字大明咒〉當下，即可感受法界合一，彷彿經歷一場時間與空間的穿越，沒有地獄，沒有惡鬼，只有佛菩薩的光明加持，以及眾生清淨解脫美好的願。一場法會，一次洗禮，一段輪迴，眾生在生死輪迴中，互為助緣。感謝法師經常提醒我們超薦祖先，先要超薦自己。

——肖君

「以法音聲威儀勝妙方便，眾生攝受。」透過永富法師開示，了解焰口是冥陽兩利的法會——超拔六道，滅罪除障；藉施食餓鬼，利他而延年益壽。也學習到啟動意念觀想，祈請五方佛清淨身心靈，佛力加持去除習氣，涵養平等心。一生受用，期許法音長存於心。

——張淑娟

參加永富法師所引領的瑜伽焰口法會，聆聽詳盡的儀軌說明、直指人心的開示，更加清楚了自己修行的盲點，懂得以心地法門為下手處，生活修行一如。法會中所生起的菩提心，學習延伸應對日常種種順逆境界，並且將所發願心付諸行動，期許自度度他、同圓種智、同登彼岸。

——王譽婷

最初慕名而來，聽說永富法師的法會儀軌開示一定要聽，不聽是很大的損失。聽過後覺得法會前的儀軌說明，對自己很有幫助，不但明白儀文內容，連儀文旁標註的小字也有深意，並懂得專注觀想，非常受用。

——畢慧卿

第一次參加焰口法會抱持觀賞心態，法會唱誦卻引我投入其間，引發塵封的尊重心、堅定心、慈悲心。先是會啟的因由，啟發現代人耐心，耐心帶來尊重與溝通；再來皈依三寶，透過皈依能堅定信仰；後段施食，層次細膩，撫慰各類亡靈，長養慈悲心。以「人身難得今已得，佛法難聞今已聞；此身不向今生度，更向何生度此身？」自我惕勵。

——陶惠

香港佛光道場二〇一四年七月孝道月開始舉辦十場焰口法會，對信徒體力、心力、時間是無比的挑戰，對法師們更是一種磨練。我有一位須換腎的朋友，當時就以他無比的毅力、願力，完成十次焰口法會，期求獲得新生。那年，他也得到他的期許。永富法師說焰口法會是慈悲道場，冥陽兩利。

——許美蓮

非常珍惜參加香港佛光道場舉辦焰口法會的寶貴因緣，生命品質得以節節提升。牢記永富法師對法會儀文的說明，祈願受苦眾生同發菩提心，在佛菩薩慈悲加持下脫離輪迴之苦。法會圓滿，發人深省的開示感化大眾，深深感受須善發大願利益眾生，回向十方法界願眾生離苦得樂，逐步趨向圓滿佛道。

——莊秀卿

永富法師講解儀軌很清晰，對儀文內容理解多了，禮拜的感覺都不一樣，愈拜愈開心。好像自己請客，自己開心，也要令客人感到賓至如歸。

——麥鳳儀

一次瑜伽焰口法會，聽到永富法師說「先超度自己，才有能力去超薦祖先」，猶如當頭棒喝，想著如何自度？於是另一場法會向諸佛菩薩發願改變自己，發露懺悔諸業障，祈求佛力加被。奇妙的，唱誦到〈召請文〉時眼淚不自覺流下，像是也在召請累世的自己。之後，內心變得清淨，較能專注。感謝瑜伽焰口讓我體證「自利利他」。

——陳麗娜

永富法師說焰口不是度「他人」而是度「自己」；是學習平等心，慈悲回向所有生命體。法會上，發願十方一切諸眾生戰勝心魔面對自己，後遇有因緣，我都安排有緣人參加法會感受力量，感受好福報。

——蔡小雯

焰口除了超薦先人，也有超度自己的含意，例如：修行是從自我觀照修正自己的錯誤；心不隨境轉，做生命主人。聆聽永富法師生活相關例子，更啟發我深入思考，從「超薦心中的我」學習多用同理心善解別人；發心立願共同建立人間淨土，進而自利利他，體證佛光山人間佛教。

——徐潔儀

每場焰口法會前，永富法師詳細開示法會儀軌；法會期間，在法師嘹亮梵唄音聲中歡喜、專心投入法會，誠心邀請先人一起參與，期望透過法會帶給過往祖先無上的益處，也提升先人品位。願意以對佛法的恭敬心、懺悔心，藉著焰口超薦祖先、超薦自己，把握法會因緣！

——周玉霞

參加焰口法會十年，由開始對手印感到新鮮、覺得唱誦經文動聽，到之後幾年開始留意經文，近一、二年再聆聽永富法師說明法會意義，自此加深認識。想到法會能解除餓鬼飢餓之苦，更重要是為其說法令得度，不禁加倍專注，願其早日脫離苦道。

——莫美儀

焰口法會主法大和尚隨經文召請各類孤魂，恍如召請自己過去生的父母及親友。隨文觀想孤魂往生情景，感受其所經歷的苦難，淚水不禁落下。祈願冥陽兩界聽經聞法，接受施食得以解冤釋結。自我期勉活在當下、珍惜擁有，上求佛道下化眾生，免墮三惡道。

——李鳳儀

參加香港佛光道場焰口法會使我了解施食法門的殊勝。法會由行前開示到美妙梵音，能收攝平時散亂的心，安住在當下的修持。佛事圓滿，身心湛然如洗。經文讓我觀照生命要歸何處，人生就像一趟旅途，順行逆行都不用停留，期許只留下美好。

——吳愷琰

焰口法會於我是如此殊勝讚歎的因緣。銘記永富法師在普門寺開示大眾：進入壇場內，要以虔誠尊重的心參加法會，觀想是生命一期一會、難遭難遇的最後一場法會，以柔軟謙卑的心，面對所超薦法界眾生，這是生命對生命的慚愧懺悔，如何解冤釋結，轉惡為善，一切唯心造。

——王淑芬

第一次參加焰口法會，永富法師為信眾說明儀軌，引導我們有行前準備，清淨身口意，好能專心投入。對初次參加的信徒幫助很大，更有清晰的目標——除了要超度祖先，更要先超度自己；學習佛菩薩的慈悲平等心，在生活中體現。法師的梵唄聲嘹亮攝心，非常震撼，能更專注在法會當下。

——林素汶

參加永富法師的焰口法會，很攝心！再聽法師講解焰口，更是身口意合一，能夠專心唱誦、隨文入觀！感恩殊勝的法緣，身心靈再次成長，發露懺悔，邁向菩提大道！

——林鈺凭

二〇〇八年永富法師任普門寺住持，每堂法會不厭其煩且有組織的為信眾講解經文內容與意涵。期勉回向要透過自己心意的觀想，以感恩、報恩的心幫助別人就是幫助自己，也是利人利己的菩薩道行。若能回向十方法界一切眾生，更是廣結善緣。法師慈心悲願與諄諄教誨，今猶在耳，歡喜信受、依教奉行。

——王明仁

萬德莊嚴三寶地　慈悲接引十方人
梵音清流震六道　晨鐘暮鼓勸懺悔
普度眾生開覺路　門引群生證圓通
金剛上師搖鈴響叮噹　伏請鬼神臨壇場
心融妙理虛空渺　道梵真如法界寬
上恭佛菩薩降法筵　下普冥陽離苦趣
我今施食遍十方　財法兩施平等供
我佛慈悲大願王　勸人念佛往西方
念佛憶佛結法緣　只念印心來感應
願冥陽懺悔念佛　得生於極樂蓮邦
今遇機緣心不亂　六根清淨性照彰
上師直指菩提路　句句明文在典章
若肯誠心修淨土　往生極樂並非難

——許明雄

道場十日的焰口　予我無量的法喜
法喜第一利冥陽　觀音菩薩慈愍故
地獄餓鬼能離苦　脫離苦海往極樂
陽上眾生聞妙法　精進修行離苦趣
法喜第二是感恩　感恩身體能跪拜
感恩同修齊信仰　感恩義工樂護持
感恩師父慈悲心　連拜十日不言苦
法喜第三發大願　隨文入觀明法義
誓修持六度萬行　有緣能往生淨土
否則願生生世世　長伴大師為徒眾
弘揚人間的佛教

——吳國維

恭敬誠求
必蒙感應

二六時中會瑜伽

要超度先人，先超度自己——焰口施食的啟蒙精神

【人間般若018】

當下淨土 貳

作　　者　永　富

執行編輯　田美玲
編　　輯　蔡惠琪
美術編輯　不倒翁視覺創意
封面設計　翁　翁

封面題字　李蕭錕
封面繪圖　心　仁
書法提供　星雲大師
封面攝影　青樺視覺
照片提供　永富法師・覺毓法師・慧延法師
　　　　　妙蘊法師・莊美昭・胡春美

出版・發行　香海文化事業有限公司
發 行 人　慈容法師
執 行 長　妙蘊法師

地　　址　241新北市三重區三和路三段117號6樓
　　　　　110臺北市信義區松隆路327號9樓
電　　話　(02)2971-6868
傳　　真　(02)2971-6577
香海悅讀網　www.gandha.com.tw
電子信箱　gandha@gandha.com.tw
劃撥帳號　19110467
戶　　名　香海文化事業有限公司

總 經 銷　時報文化出版企業股份有限公司
地　　址　333桃園縣龜山鄉萬壽路二段351號
電　　話　(02)2306-6842
法律顧問　舒建中・毛英富
登 記 證　局版北市業字第1107號

定　　價　新臺幣260元
出　　版　2019年4月初版一刷
　　　　　2019年10月初版四刷
I S B N　978-986-96594-4-4
　　　　　佛光審字第00049號
建議分類　佛教諷誦・佛教儀注・佛教法會

國家圖書館出版品預行編目(CIP)資料

二六時中會瑜伽：要超度先人，先超度自己--焰口施食的啟蒙精神/永富著. -- 初版. -- 新北市：香海文化, 2019.04
面；15×21公分. --(當下淨土；2)
ISBN 978-986-96594-4-4 (平裝)
1.佛教諷誦 2.佛教儀注 3.佛教法會
224.3　107017151